微创课堂教学56例

王红顺　秦爱英　著

山东文艺出版社

图书在版编目（CIP）数据

课堂教学微创 56 例/王红顺，秦爱英著. —济南：山东文艺出版社，2022.1（2022.10 重印）
ISBN 978－7－5329－6458－1

Ⅰ.①课… Ⅱ.①王… ②秦… Ⅲ.①课堂教学—教案（教育）—汇编 Ⅳ.①G424.21

中国版本图书馆 CIP 数据核字（2021）第 207691 号

课堂教学微创 56 例

王红顺　秦爱英　著

主管单位	山东出版传媒股份有限公司
出版发行	山东文艺出版社
社　　址	山东省济南市英雄山路 189 号
邮　　编	250002
网　　址	www.sdwypress.com
读者服务	0531－82098776（总编室） 0531－82098775（市场营销部）
电子邮箱	sdwy@sdpress.com.cn
印　　刷	山东新华印务有限公司
开　　本	710 毫米×1000 毫米　1/16
印　　张	17.5
字　　数	210 千
版　　次	2022 年 1 月第 1 版
印　　次	2022 年 10 月第 2 次印刷
书　　号	ISBN 978－7－5329－6458－1
定　　价	58.00 元

版权专有，侵权必究。如有图书质量问题，请与出版社联系调换。

绪论 基于学习科学的微创教学改革

新课改已走过二十个年头，呈现了如下特点：

从大破大立的运动式改革走向渐进式、常态化改革，从四梁八柱的整体化搭建进入到精装修的落地改革；从单一维度改革迈入课程、课堂、文化、技术等互联融通的综合改革；从左冲右突式的经验式改革走向不断纠偏的专业化改革。因此笔者大胆预判，基于学习科学的微创教学改革将引起基础教育领域教学改革的高度关注。

如何理解微创教学改革

微创教学改革是从医学领域微创手术迁移过来的一个概念。微创教学改革中的"微"，意思是细微（小）、稍微（少）、精微；"创"的意思是创新、创意、创变。所谓微创教学改革，特指精准（精致）、微阵痛、低成本、高效果、可持续、乐接受的教学改革。

笔者大致梳理了微创教学改革的理念系统。微创教学改革有四大前提：读懂课程、读懂学生、读懂学习、读懂自己。

微创教学改革遵循三大原则：以小见大——从大处着眼，细处着手，见微知著；迈小步子——一厘米之变逐步累积；扎实推进——脚踏实地，一事不优，不做二事。

微创教学改革秉持三种精神：一厘米之变精神；建模、迭代的长期主义精神；人人参与的众创精神。

微创教学改革的方法论：行是最好的学；成果可视；众筹、众创。

微创教学改革的原理：加一加，减一减，换一换，排一排，组一组，思一思，等等。

微创教学改革的六种思维模式：教学环节重新组合；教学时间段调整、排列；教学的某一环节重点放大，其余环节与之有效匹配；组成新环节；发现环节新的作用；去掉不必要的环节。比如石家庄精英中学李金池校长研发的高效"6＋1"课堂："6"是导、思、议、展、评、检，"1"是用（练）。用李校长的话说，高效6＋1课堂，体取上海（段力佩）、头取江苏（洋思）、臂取山东（杜郎口）、脑接陕西（陕西师大）、源在衡水（衡水中学）、魂在精英。这就属于教学环节重新组合。再比如山东杜郎口中学的"三三六高效课堂模式"，精髓是：学＋交＋教，放大展示。想展示好就得合学好；想合学好就得独学好；想让学生独学好就得导学案设计好；想导学案设计好就得课表、教材、学情研究好。其运用的就是"教学的某一环节重点放大，其余环节与之有效匹配"的思维模式。

微创教学改革的切入点：系统视角——课程、课堂、组织、文化；关系视角——教、学、习、记、忆、育；维度视角——模式、技术、工具、内容；影响因素视角——时空、资源、教师素养。通俗概括为：改变教，研究学，重视习，强化忆，引技术，用工具，守规则，养习惯，讲策略，懂评价。

怎样创设支持微创教学改革的环境系统

打造微创教学改革环境系统的关键是变教室为学室。一些学校的做法值得借鉴：教室墙壁上有序张贴学习方法、学习策略、学习工具使用表，创设学习工具场；放置大量学科实验器材、动植物标本、地球仪等教具与学具，创设便于学生课内外随时观察、动手的探究场；放置学科前置阅读、学科过程阅读、学科迁移阅读的图书、资料，即与学科深度融合的专业阅读书架，配置可以随时上网查阅资料的电脑等，创设为项目学习、个性化学习服务的全学科阅读场；增添学生喜爱的动物角、植物角，创设感知体验生命的生命场；布置利于表演、展示的小舞台、展示角，创设对话互动的表达场；设立费曼学习区、微课学习区、独立学习区、合作交流区、师生共学区，创设私人定制的个性化学习场。

单从学室布置——学习工具场打造来说，我推荐如下工具：学科整本书思维导图、单元思维导图、学习导图、概念图、鱼骨图、六顶思考帽、5R笔记法、科学研究循环图；八大概念、核心能力、关键品质、学会提问题等学科素养要求；倾听、表达等学习规则、课堂声音刻度尺；通用学习方法、学科学习方法等。这些内容有长期固定的，也有定期更换的；有学习工具的详细使用说明，也有运用学习工具、思维工具的成果展示；有个人分享的作品，也有体现群体大脑智慧的团队成果。

如何选择微创教学改革的关键路标

微创教学改革突出的是精准的、专业的、体现学科特色的本真、本质的改革；提倡的是高效的、师生乐于接受的、全体参与的常态的大众化的微创教学改革。

微创教学改革的关键路标有以下五点：一是从关注民主、平等、尊重、安全的团队文化，走向关注高期望文化、责任文化、成长文化、问题中心文化等课堂本质属性的文化。二是从建立以倾听、表达等为主的通用学习规则，走向建立体现学科性质的学习规则。三是从提倡以学习导图、思维导图等为主的思维外显化的学习工具，走向支持学科思维外显化的学科思维工具。四是从关注学习方式改革，走向关注学习内容、学科本质，实现更长远目标的改革；从单一学程设计，走向自我系统、元认知系统的学习系统整体设计——目标设计、情境设计、规则设计、工具设计。五是让学生从"参加合作"走向真正的"参与合作"；从"参与合作"走向思维高度参与的沉浸式学习；从关注学生感兴趣的高参与行为合作，走向关注学生成长的高认知行为的合作；从关注帮扶性合作走向通过对话改变各自思维、观点以及产生新观点的有思维成果及创新作品的合作。

微创教学改革有哪些切实可行的着力点

1. 从单一学程设计优化为学习科学视角下的三维学习设计。首先要明确学习设计不仅限于学程设计。上海市教育科学研究院夏雪梅所著的《素养何以在课堂中生长》一书中谈到，学习设计包括将知识放还到情境中体现知识意义化的设计，学习中促进社会性参与结构的规则设计，提供内容、思维外显化载体的工具设计。

学习情境的设计要体现三个"放还"：将知识放还到容易引发认知冲突的思维中，即挑战性问题的设计；将知识放还到需要类似思维的真实生活情境中，即游戏情境的设计；将知识放还到儿童全身心地去"做"的情境中，即"驱动性问题"的设计；最终实现情境中思考，去情境化的思考，再回到新情境思考，实现重要概念能力、品质与学习心态的迁移。

学习规则设计包含通用性规则设计，即跨学科的普遍性课堂互动方式和课堂预期，比如"学会倾听、学会表达"就是在各个学科中都适用的；还包括学科性规则设计，所谓学科性规则，是运用学科的专业话语与思维方式所塑造的规则，比如"用数形结合的方法来思考这一类型的问题"就是数学学科的规则。

学习工具设计也包含两大类：一类是通用型的思维外显化工具设计。比如如何提出问题、如何建立联系、如何有序展现思维的工具，虽然可能学习的任务或情境发生了变化，但是掌握了这种思维支架，学生就可以实现跨学科思维的转换。另一类是在特定学科学习中的思维外显化工具设计。借助这些工具，学生可以习得学科思维方式。需要说明的是，学习工具并不是指所有的微视频、学习单、学具，而是特指那些能够提供思维支架的工具。如果微视频中只是提供学习内容的讲解，学习单中一味提供练习题，那它们就不是我们所指的学习工具。

2. 学科协同、渗透、刻意训练、强化弥补学生短板的高效学习策略。比如：理解和系统建构知识意义、组建概念网的策略；构建高效记忆，尤其是调动大脑中长期记忆的知识到工作记忆中，去思考、加工、同化、顺应新知识、概念或逻辑推理解决问题的策略；运用高阶思维对知识进行深加工或迁移运用的深度学习策略；利用元认知进行自主学习、自我反思、自我监控的策略；借用科学评估工具评估自己的学习成效，达到自我促进和自我激励的主动学习策略；等等。

3. 关注元认知系统对学习发生机制的影响及课上学生高认知沉浸式学习的达成。关于学习启动，许多教师认为是直接启动认知系统，这是一个误区。美国教育学者马扎诺提出，人的学习过程涉及三个系统，即自我系统、元认知系统和认知系统。人的自我系统决定介入与否；元认知系统决定目标策略；认知系统处理相关信息、知识技能。可见，学习发生首先要打开学生的自我系统，形成学习的内动力；还要打开学生的元认知系统，形成"学会学习"的能力，如提出问题的习惯、建立联系的习惯、个性化表达的习惯等；最后才是通过认知系统中存储的具体认知技能去经历认知过程并完成学习任务。马扎诺等在《高度参与的课堂——提高学生专注力的沉浸式教学》一书中提出的观点值得我们借鉴：让学生沉浸式高度参与课堂，就必须唤醒学生情绪，即我感觉如何；提高学生兴趣，即我感兴趣吗；帮助学生感知事物重要性，即这重要吗；引导学生提升自我效能感，即我能做到吗。

4. 从回答走向回应，构建师生协同解决问题的回应链。课堂虽然是由不同问题串联起来的，但解决问题的回应结构是相似的，并且各学科是通用的。美国教育学者沃尔什在《优质提问教学法》一书中提出了课堂提问从回答走向回应的新主张，并且阐述了一个完整回应链步骤。笔者结合当前课改阶段，重构了回应链步骤：（1）呈现一个优质主干问题；（2）选择或推荐回应结构让所有学生参与进来；（3）留出至少三至五秒钟的第一个思考等待时间；（4）学生（小组）有理有据大声回答问题，被问学生没有说完，其他学生不要补充或提示；（5）留出第二个三至五秒钟的等待时间；（6）高质量的交互反馈；（7）咀嚼答案及思维过程。上述环节可依据学情及熟练程度动态取舍，对师生要求也可做相应调整与创新。

5. 放大整理课的作用，变课堂小结环节为整理环节。关于课堂整理理念，浙江省温州市道尔顿小学的做法值得借鉴。概括起来说，课堂整理整理什么？整理物品、整理情绪、整理知识、整理思维（方法）、整理问题、整理关系及元认知。课堂整理环节还可怎么拓展？把整理环节放大成每天一节的整理课，同时设整理分享、问题释疑环节；每月可设一个整理日，解决月缓存问题；每学期让学生进行整理综述或开一次整理方法交流会。总之，把整理当作一种技能去训练、培养，让整理成为一种学习习惯、生活习惯，伴随孩子的一生。

6. 重视向学生直接反馈学情。在观教察学的议课环节，多谈论的是教学设计改变，多考虑的是向教师反馈学情，关注的是对学生认知的研究及教师的专业成长，忽视了向学生直接反馈学情。为此建议邀请小组长、学生代表参加学情反馈，听听学生的真实想法及对本节课的解读，即议课时课堂主角学生不能缺席。特别要提醒的是，要增加对学生直接反馈学情这个环节。学情观察员把学情汇总后，派代表及时到班里对学生表现进行反馈，并就合作学习策略、学习工具使用、学习流程等个别薄弱环节进行专题指导。也就是说，从过去忽视学情反馈或间接反馈走向直接反馈，避免信息的衰减及失真。

当然，打造责任文化、容错文化、高期望值文化、问题中心文化等课堂本质文化，探索大数据支持的学能训练、私人定制为特征的线上线下融合的混合学习新模式，也可作为微创教学改革的着力点。

微创教学改革非常重视消化与吸收、建模与迭代，倡导在传承或模仿中创新。因此进行微创教学改革时需要思考如下问题：过去成功的改革成果、做法哪些需要巩固、保持？如何巩固、保持？哪些改革成果、做法需要优化改进？改进的配套措施是什么？新学期还要植入哪些新的改革元素？

改革的路径是多维的，改革的切入点是多元的，改革的方案是渐变的，最终都会殊途同归。总之，适合自己的才是最好的。

目录

备课篇

01 备课新六观 / 3

02 "九轻"做实,备出的课才有分量 / 8

03 集智备课这样做更扎实有效 / 12

04 深度把握"教学目标"的六个维度 / 16

05 3.0版教案设计的DNA / 20

06 备课检查的昨天、今天、明天 / 29

07 教研组实现深度备课的八大新策略 / 32

08 如何科学制订一份实用的新学期个人教学工作计划 / 35

09 学科教研组的期末"315"活动值得效仿 / 38

上课篇

10 新课堂教学常规 48 条 / 43

11 如何评价一节常态课的好坏 / 54

12 从回答走向回应,构建问题回应链 / 57

13 新授课时的单元复习课与期末复习时的单元复习课有什么不同 / 60

14 变课堂小结为课堂整理 / 62

15 课堂上巧用小纸条与小卡片 / 64

16 鼓掌的花样,举手的创意 / 66

17 走班、组班、选班的实践与探索 / 70

18 推荐 12 种课型模板 / 73

19 学情备课的九大方法 / 82

20 升级你的听评课、说课运行版本 / 87

21 抓好观课议课最开始一公里 / 91

22 这样观课议课让教研深度发生 / 93

23 推荐一份学科常态课评价表 / 97

24 课堂秩序混乱成因分析及对策 / 101

作业考试篇

25 新学期,学生作业新认知、新实践问答八则 / 107

26 新学期强化作业管理的六条策略 / 114

27 19 类创意数学作业 / 117

28 作文教学改革的六个小创意 / 122

29 与作业设计与管理有关的 14 个小创意 / 128

30 提升作业效果的六个硬核小策略 / 133

31 月考怎么命题、怎么考、怎么评、怎么用、怎么考核 / 136

32 数英作业、试卷常用检查方法 / 141

33 如何避免学生考试时犯重复性错误 / 144

34 学生考场上又快又好工整书写这项技能可以这样抓 / 146

35 期末复习备考怎样才能抓到点子上 / 148

培优补差篇

36 学生"学不会"的 28 条自身原因 / 155

37 学困生转化的 14 种方法 / 158

38 学困生转化新视域 / 163

39 有效培优的十条土办法、小技巧 / 166

40 优秀生对学困生学业帮扶成效不大这个问题如何解决 / 168

41 主科堂堂清、日日清、周周清、月月清怎样落实 / 170

42 "四清"解构与升级 / 176

方法与工具篇

43 小学语文教学实用微创意 18 条 / 183

44 十个加速记忆的小技巧 / 194

45 让初中生学会学习的九个小技巧 / 198

46 原题讲过多遍,为什么还有学生出错 / 203

47 学生向老师问问题，老师这样做效果棒棒的 / 205

48 优化创新经验的操作方法 / 207

49 期末工作总结创意和策划 / 213

50 让教师撰写的工作总结"活"＋"动"起来 / 217

51 读读这十条，看你画的思维导图有硬伤吗 / 219

52 思维导图"经"怎样"唱"效果更好 / 220

53 鱼骨图在学习中的应用 / 223

54 用六顶思考帽进行平行思维 / 226

55 5R笔记法在课堂中的运用 / 229

56 概念图、学习导图在教学中的运用 / 231

备课篇

后　记

备课篇

01 备课新六观

备课作为课堂教学最重要的环节之一,直接影响着课堂成效,然而受传统教育观念等的影响,备课存在着一些问题,比如:把备课窄化为写教案,把备课与制作课件、编制导学案等同;"三时段""三级"备课没形成链条,交叉重复;备课模式化,缺乏创新;缺少备课成果化、思维可视化意识等。为此,笔者特提出备课新六观。

一、大备课观

苏霍姆林斯基在《给教师的一百条建议》中讲过这样一个故事——

区教研员去听一位历史老师的课,因为这位历史老师的课上得实在太精彩了,以至于教研员们一个字都没有记录。课后,教研员们问这位历史老师:"你的课上得这么精彩,你用了多长时间来备课?"这位历史老师回答:"这节课我用了一生的时间来备,事实上所有的课我都是用一生的时间来备的,只不过对这节课的直接准备是十五分钟。"

可见,教师读书是备课,研学旅行是备课,教师心智成熟、人生阅历积淀与丰富更是备课。这就是所谓的终生备课观。

二、系统观

从备课时段看，整本书备课、单元备课、课时备课共同构成一个完整备课链条。

它们各有什么侧重呢？

1. 开学前一周以整本书备课研讨为主，主要解决以下问题：（1）学科总目标、阶段目标与本册目标分解；（2）浏览、阅读整本教材；（3）在熟悉教材各章节逻辑体系结构基础上，画出整本书知识树或思维导图；（4）确定整本书重难点章节；（5）编制教学进度表；（6）撰写学期教学策略、方案；（7）选定学科练习册、试卷。

2. 每单元教学前，要进行单元备课。其侧重点包括：（1）详细阅读单元教材内容；（2）熟悉单元总目标；（3）梳理单元知识双向细目标（知识点及教学要求）；（4）确定课时重难点；（5）划分单元课时数；（6）制定单元教学策略；（7）编制单元测试卷。

3. 课时备课主要解决三个问题，即学什么、怎么学、学会了没有。一节课可分成多个课时，以课时为单位撰写导学案。

三、流程观

笔者认为备课由阅读思考、撰写教案、制作课件（微视频、微课程）、内容消化与技能训练四部分组成。

1. 撰写教案前重在阅读思考。研究课标，研读教参，研读教材（文本），阅读教材分析，研究课后习题试卷，研究学情（学生知识、能力、经验等）。

2. 撰写教案。依据课程资源、学情设计学习目标、学习内容、学习方法、学习评价。

3. 制作课件（微视频、微课程），设计导学卡。

4. 内容消化：对教案上的内容要融会贯通、熟记于心，即上课时要脱稿。技能训练：对要求有感情朗诵的内容自己要先练一练，对要在黑板上示范的生字、地图自己要先写一写、画一画，对课堂演示实验要提前做一做……只有这样，教师示范、操作演示时才有底气。

四、协作分工观

集体备课各环节不可或缺，各有侧重。

1. 初备（初案），突出"五个围绕"。（1）围绕课程标准，深入钻研教材及整合课程资源（学习目标、重点、难点、知识点）。（2）围绕三维目标落实，进行重难点的突破设计、教与学的基本策略设计、教学情境设计。（3）围绕新课堂的基本环节，预设学生独学、对学、群学及达标训练的主要问题，体现"知识问题化、问题层次化、问题探究化、问题情境化"，并准备问题拓展生成的多种预设。（4）围绕个备中的困惑和疑问，做好发言准备。（5）围绕课堂内容，做好课堂各环节的时间预设。

2. 集备（共案），抓好"五个方面"。（1）站在"学者"角度进行教材分析和文本挖掘，包括知识点、重点、难点、知识链接点、课程资源的开发、个性化的解读等。（2）说明教学过程设计意图，让同伴明白你为什么要这样设计。（3）分析教学环节设计是否符合新课堂教学模式的一般要求，重点放在目标的达成与重难点的突破设计分析上。（4）说明问题设计及其意图，做好课堂生成问题的预案。（5）提出备课时的困惑和问题。

3. 个人复备（个案），突出备学情。课上续备（续案），突出备生成；课后补备（补案），突出备反思，备改进。

五、产品（成果）观

备课要有理论或实践成果，即成果可视化。比如对课标、教材进行立体解读，就要拿出对照课程标准解读学科教材、对照单元要求解读单元内容、对照篇章要求解读篇章内容的三级解读文本。

六、创新观

从个人设计走向集智协作设计；从教案设计走向学案设计（即从教的设计走向学的设计）；从课时设计走向单元、学时设计；从目标、内容、方法、资源评价的正向设计走向从评价出发倒退的翻转设计；从单一关注课时目标设计走向三类、三级、三种目标链设计；从预设过度的静态设计走向目标、问题、方法等多元开放的动态生成设计；从单一设计走向整体建构、系统设计；从教学性教学设计走向教育性教学设计；从内容设计走向为概念而学的全局性理解设计；从仅关注知识获得设计走向思维、素养双生长设计；从仅有学科意识设计走向课程意识、跨学科协作落实综合素养设计。

比如翻转教学设计。传统教学设计的思路是，先确定教学目标，再确定学习内容，最后设置达标检测。而翻转教学设计则是先确定学习目标，再根据学生自学情况设计教学策略，选择学习内容、学习方式、课程资源。

又比如特级教师李志欣的"三单备课"。一备"单元自主学习指导纲要"，主要是引领学生课前自主学习，以此对课堂教学形成重要的辅助，具体包含教材分析、知识建构、背景知识、问题展台、学习评价五个板块。二备"课堂学习指导纲要"，遵循以学定教的教学法则，整体优化目标定向、学生先学、合作探究、点拨拓展和反馈评价五个环节,保障学生学习内容当堂达标。三备"双休日(节假日)生活指导纲要",以周为单位,为学生提供丰富多彩的综合实践活动。

02 "九轻"做实,备出的课才有分量

备课是个技术活,课标分析、学情分析、目标叙写、教学活动设计、评价任务设计等都是需要专业引领的;备课又是个良心活,课备得好不好仅凭显性化教案是不能准确评估的;备课还是个合干与单干并存的活,集备与个备不能顾此失彼。课备得好不一定上得好,但课备不好课一定上不好。纵观当前中小学教师备课,普遍存在九重九轻现象,我称之为九大误区,现一一剖析如下。

误区一 重上课,轻备课

许多老师争着上课,认为只要上课多,教学成绩就会好。优秀教师一节课能讲会的内容,有些教师多节课也教不会,以至于正课教不会,自习课再讲,自习课讲不会课后就大量练习,练不会就反复考,追根溯源,其实就是备课不到位。备课是根,上课效果是果。至少要保证备课与上课时间比达到 2∶1,即至少用两节课时间去备一节课。

误区二　重教案集、教材解析类书籍购买，轻课本配套教参、学科课程标准征订

教参是教材编写者专为教者编写的教辅资料，给教者提供了具体的教学内容以及各项教学目标；学科课程标准是把握学科目标、考试评价导向的最权威资料。然而许多教师不钻研教学，不学习课程标准，不思考为什么这样教，热衷于照搬照抄市场上的优秀教案集、各种试卷。这种导向是极为有害的。

误区三　重集备，轻个备

集体备课变为分工备课，集备时只有主备人充分准备，其他人根本不准备，个备与合备侧重点重复。

轻个备，一是指合备前教师不重视个备，二是指合备后没依据个人教学特点、学情进行增补修订性质的复备。

误区四　重显性"写"，轻写前阅读思考及写后消化

备课不等于写教案。备课的完整链条是：阅读思考——规范撰写教案——制作课件编学案——教案内容消化与技能练习。

写教案前教师要读课程标准、读教参、读教材、读教材解析，研究课后习题、练习册、试卷。其中，阅读思考环节在备课中最占时间。

教案写好后教师还要对教案内容进行消化，熟记于心，力争课堂上能脱稿。同时还要进行技能训练：课前大声朗读课文、练一练生字词、做一做实验等。

误区五 重课件、学案设计，轻学习系统整体设计

制作课件与编学案不能代替备课，也不能课件制作完成后再写教案，要知道，课件、学案是教案的辅助部分，是依教案设计的。

系统学习方案设计不仅仅指学程设计，还包括目标、情景任务、规则、工具、评价任务等的设计。

误区六 重课时备课，轻整本书备课、单元备课

备课应包含三级，即课时备课、单元备课、整本书备课。整本书备课统揽教材、把握整本书知识结构、分解级段目标及确定重难点单元，单元备课把握单元重难点、梳理知识结构、确立大概念、确定课时目标等。

此外，研究县区统考试卷、邀请专家指导也应纳入备课范畴。

若只有课时备课，那就是只见树木不见森林的碎片化备课，缺少整体、系统意识。

误区七 检查时重书写数量、格式，轻质量标准把控；重告知、定时查验，轻动态监控

从"写得多，写得工整"的传统好教案中跳出来，从应付学校检查中走出来，重点关注目标设计、主干问题设计、学程设计、评价设计等核心内容的优劣，写在课堂上能用得上的实用教案。

误区八 重评定等级，轻学习同事的长处

教案检查后，不要只关注评定等级、考核分数，要重点发现自己的短处，同时学习同事的长处。

教研组或备课组互查时，每次学习别人一个优点，改进自己一个缺点。

参加公开课优秀教案展评研讨时，建议索要优秀教师的备课初稿、修改稿、定稿进行系统分析，并咨询为什么这样调整。这样，年轻教师收获才最大。

误区九　重零起点备课，轻参照往年教案修改提升备课；重课后反思数量，轻反思深度

零起点备课犹如掘井，一年挖一个，难以深入。若学校建立教案资源库，备课时把往年优秀教案调出来，在此基础上进行修改、提升，就会省时高效。

课后反思有的教师没有上课就写好了，纯粹是应付，有数量没质量。教师要真反思、深度反思，不能就事论事，要寻找问题根源、补救策略。

日常备课把上述"九轻"做实了，才是真备课，备出的课才有质量。

03 集智备课这样做更扎实有效

一、集智备课框架构建

三段：整本书备课、单元备课、课时备课。

三级：自主备课、教研组备课、专家指导备课。

四步：阅读思考、撰写教案、制作课件、内容消化与技能训练。

四环：个备（初案）、合备（合案）、再备（个案）、复备（新案）。

五核：目标设计、主干问题设计、流程设计、学程设计、练习设计。

九法：学一退三法、举三返一法、核心环节强化训练法（只讲一步法）、分总训练法（只多一步法）、举反例法、建模思维法、多元表征法、题组训练法、母题裂变法。

二、集智备课基本流程及方法

方法①：个人初备，形成初案→备课组合备，形成合案→个人复备，形成个案→课上续备，变成生成案→课后补备，形成明年用新案。

方法②：个人初备→集体交流→形成共案→共案的个性化处理。

方法③：主备人备课→集体研讨→生成个性化导学案→集体反思。

方法④：集体研讨→分工备课→集体完善→形成个案→个人反思。

方法⑤：熟悉教材，提出问题→中心发言，把握重点→共同研讨，解决问题→形成预案，分发教师→结合实际，二次备课→课堂实施，信息反馈→教后反思，理论提升。

无论采取哪种形式，都应明确：个人复备，突出"备学情"；课上续备，突出"备生成"；课后补备，突出"备反思"。

三、集智备课两个好创意

1. 邀请有经验的教师指导单元备课。

单元备课时，邀请去年教过本教材的有经验的教师，进行单元教材、作业设计专题引领，确保今年任教教师不犯重复性错误，把课备好、上好。

2. 以考定（教、学、练），问题前置。

单元备课前就将最近三年的单元测试卷及当时的试卷分析调出来，以年级学科组为单位研讨，尤其要关注上届学生考试中遇到的共性问题、典型问题。

四、集智备课量表（附表7）使用说明

集智备课量表重点突出六大部分：

1. 目标解读。构建学科总目标——级段目标——年级目标——单元目标——课时目标五级目标链条；厘清总目标与级段目标的关系，年级目标与单元目标的关系，单元目标与课时目标的关系；重点做好

单元目标细化、分解，比如单元语文要素训练要分解到课时中去。

2. 教材解读。在研读教材的基础上，重点梳理三大关系：册与册知识点之间的关系，知道前面学了什么，这一部分是为后面什么服务的，即搞清知识的来龙去脉，做到上挂下联；课时与课时之间的关系，明确教材编写体例及设计意图；知识点与知识点之间的关系，要画出单元思维导图及知识双向细目标。

3. 学情分析。可采取问卷、访谈方法重点从学生知识、能力、经验、思维、心理等方面进行。

4. 教学设计。本部分共分三部分：一是对本单元教材重点、难点、易错点、易混点、常见考点进行详细梳理；二是目标达成设计，尤其注意新题型的搜集与研讨；三是关注本单元大概念及渗透的学科核心素养。

5. 教学策略。去年教过本单元的有经验的老师给出建议；从去年单元测试卷及试卷分析中得出今年教学要提前预防的问题及需要拓展补充的内容；消化落实课标、教参上的相关教学策略、建议。

6. 课时划分。协商确定本单元新授课、习题课、复习课、检测课、机动课课时数。

7. 单元试卷设计与研讨。建议不用市场上的公用试卷，通过选题、改题、创题进行个性化试卷命制。

五、单元课时备课量表（附表9）使用说明

1. 据单元课时备课量表内容，个人完成初备，以提纲形式呈现。

2. 教研组合备时重点研讨目标设计、主干问题设计、流程设计、学程设计、练习设计这五个关键问题。

3. 重视达成共识，注意发挥团队智慧。比如在学养目标设计上，

小组成员要先各自叙述自己的设计目标，然后就书写格式及条目达成共识。又比如在动态习题设计上，要依目标匹配原则，精选有代表性的作业。

4. 思考问题系统的建构。学生提出的问题、课标要求探究的问题、教师引导的问题等，用核心大概念提炼贯穿，即大概念问题系统构建。基于问题系统优化的学习主张学生在老师与同伴的帮助下持续提出问题，自主建构问题系统，在问题系统化、系统图式化、图式可视化中建构知识体系，寻找学习路径，发展学科思维。

5. 围绕问题进行活动流程及学程设计。学程设计要突出每个环节教师干什么、组长干什么、组员干什么，重视学习方式选择、学习方法指导。

6. 合备时教师用红笔在初备稿上批注；合备结束后组长指定两人小组将合备结果整理成教案并制作课件。

7. 教师可对下发的合备教案、课件，依据本班学情进行局部微调。

8. 教师个备时，要在熟悉内容、基本功训练上下功夫。

9. 上完课指定有经验的教师对课件、教案依据课堂使用情况进行修改完善，形成新案，供明年研讨使用。

04 深度把握"教学目标"的六个维度

教学案设计、上课、达标检测都是以目标为参照展开的，目标具有靶子的作用。然而许多教师对目标的演变、分类、表述、目标链构建与达成等的认知模糊，为此特撰写此文，与同行分享。

维度一 教学目标的演变与进化

以教为中心时称教学目标；以学为中心，编制导学案、助学卡时，把教学目标转化为学习目标，因为教学目标是为教师的教设计的，而学习目标是为学生的学服务的；为了突出对学科素养的关注及渗透核心素养，强化育的价值，又把学习目标升级为学养目标、学育目标。

课改前教学目标格外关注基础知识、基本技能，称双基目标；课改后，教学目标关注知识与技能、过程与方法、情感态度与价值观三个维度，即三维目标；《中国学生发展核心素养》颁布后，目标升级为关注关键能力、必备品格、正确价值观念，这时称为素养目标。

维度二 教学目标的分类及对应学习方式

布卢姆将认知领域的教学目标分为知识、领会、运用、分析、综合和评价六个层次。在修订版中又改为记忆、理解、应用、分析、评价、创造。

与布卢姆新目标分类有点类似，韦伯的知识深度框架（简称DOK）分为：DOK1（回忆）、DOK2（技能或概念的基础应用）、DOK3（策略性思维）、DOK4（拓展性思维）。

马扎诺把学习目标由易到难分为四个层次：提取、领会、分析和知识运用。

依据课标、教参对知识点的要求，结合布鲁姆目标分类可编制单元或整本书知识点双向目标表，作为教学、命题的依据。

也有依据事实性知识、概念性知识、程序性知识、元认知知识的知识分类，结合识记、理解、应用、分析、评价、创造等知识认知程度做双向目标的。

我们通常把识记、理解、应用层级的知识学习称为浅层学习，用到以及培养的是学生的低阶思维；把分析、评价、创造层级的知识学习称为深度学习，用到以及培养的是学生的高阶思维。

维度三 教学目标表述与要求

依据课标、教参、学情来确定一节课的教学目标，教学目标不能过高，也不能过低，要在学生最近发展区，即教学目标要适宜。需要提醒的是，课标是保底目标，上不封顶。

可将教学目标转化为学习目标。目标要适宜、具体、可测、分层；不宜太多，原则上两至三条；要体现知识、方法、思维、素养多个维度；每条尽量用"行为主体＋行为条件＋行为动词＋行为结果"格式来书写，行为动词尽量不要用"理解、掌握"等词义笼统的动词，多采用"说出、归纳、学会"等语义明确的动词来量化目标。

更高一级的要求是站在思维素养层面来撰写学养目标。若能把行动方法、学习内容、要达到的标准及渗透学科素养整合到一块来写会更好。另外,若能从以往指出知识学习重难点,走向梳理出核心概念、关键能力会更棒。当然,若能定出目标达成检测指标、路径、方法会更完美。

维度四　教学目标链构建与运用

构建学科总目标——级段目标——年级目标——单元目标——课时目标五级目标链条;厘清总目标与级段目标的关系,年级目标与单元目标的关系,单元目标与课时目标的关系;重点做好单元目标细化、分解。

维度五　课时目标的制定层级

课时目标的制定,大致可分为五个层级:一、依据题目、内容制定,只考虑双基;照搬教参单元目标制定;把本节课的知识放到整个单元知识体系中去思考;把本节课的知识放到过去学过什么、现在学什么、将来还要学什么的上挂下联的大框架体系中去思考;在大框架体系中围绕高观点、大概念、核心知识去建构。

维度六　教学目标达成与测评

在日常教学中,我们通常的思路是,先确定目标,再确定学习内容,最后设置达标检测。而现在流行的逆向设计是先确定学习目标,再确定目标达成的检测判断指标、依据,最后依据欲达成的指标,选择学习内容、学习方式、课程资源。笔者称之为以终为始的设计思路。

教学目标达成路径多样化,即优中差学生学程设计不能一刀切,要根据学生的情况，指导学生优化学习路径并提供给学生工具、模型和脚手架。

通过翻看教学案、听一线老师上课，笔者发现存在的主要问题有：教学目标（学习目标）与流程设计不照应，如目标有三条，学习内容却只有两点；达标检测题与目标，要么没关系，要么不照应。

05 3.0版教案设计的DNA

优质教案具有六大核心聚焦点，即目标设计、主干问题设计、情景设计、环节设计、学程设计、评价（检测练习）设计。笔者依托教科室、教研组对主要环节设计不断打磨、反思、迭代升级，最终研发出了3.0版教案，其具备以下六个硬核指标。

硬核指标一 学习目标以问题形式呈现

变教学目标为学习目标，再变描述性学习目标为问题探究式目标。知识技能类目标以核心主干问题设问形式呈现；过程方法类目标以归纳、概括、总结、提炼问题形式呈现；情感态度与价值观类目标以体验、感知、反思性问题呈现。

以问题形式出示目标，让学生带着疑问学习，激发学生的学习兴趣；将学习目标转化为问题设计，让学生对目标的把握更准确、更到位；这些问题还是落实目标的有效抓手，构成了学生学习的路线图；问题解决过程就是目标达成过程；学习结束后，依照问题，学生可对标检测目标达成度。

核心指标二 关注主干问题设计及问题系统的构建

课堂上要减少过多的碎片化的"瘦"问题，把问题整合或设计成系统的"胖"问题。

教师把学生提出的问题、课标要求探究的问题、教师引导的问题用核心大概念贯穿，整合成问题系统，并告诉学生问题之间是何关系，如因果、递进、并列等，还要告诉学生问题解决的顺序及其解决方法。

硬核指标三　备份例题、练习题

课堂上经常会遇到这种情况：因学生掌握不好需要补充例题、练习题，但课前教师无准备，于是不得不仓促应对，即兴创编。即兴创编题往往不严谨，漏洞百出，教学效果自然难以保证。怎样才能避免这种低效教学发生？最好的办法是要求教师在备课时备份同性质题，以备不时之需，即精选同等难度的例题、练习题作为备份。当学生对知识点掌握较好时，同等难度的备份题就可跳过去；反之，则立马启用，帮助学生消化、巩固知识点。

有时课堂推进比较顺利，会提前完成教学任务，若没有预设，剩余的课堂时间就会白白浪费，于是我们要求教师备课时，增加一个难度较高的学习模块备用。

选什么题，同类题做几道，完全由学情决定。

硬核指标四　变顺着教师思路走的固定教案为顺着学生思路走的动态预设生成案

要重点备课堂生成问题的应对预案。学生回答、解决问题时可能出现的错误有哪些？相应提示、引导策略是什么？若回答正确，对这个问题要追问什么、拓展什么？

硬核指标五　确保目标、学习流程、评价任务的一致性

教师备课后要三思：一思流程设计是否符合学生的认知结构；二思流程设计与目标是否照应，存不存在有目标在流程设计中无体现，或者流程设计中有目标中没有的内容等问题；三思评价任务（练习设计）与目标是否照应。

细化、思考问题层级，使问题设置与合作学习策略有效匹配，不低配也不高配；重视新的学习工具、思维工具植入；变课堂小结环节为课堂整理环节。

总之，核心是实现学、教、评的匹配。

硬核指标六　不要忽略上节课遗留问题

教学是快照，是一门遗憾艺术。上节课没有解决的问题，批改作业时发现的问题，一定要备：寻找问题根源，制定补救策略。

附

【案例】部编版语文五年级下册第四单元第 10 课
青山处处埋忠骨（第二课时）
河南省封丘县实新学校　张亚娟

学养目标

1. 你能找出课文中描写毛主席动作、语言、神态的语句，并体会他的内心世界（品质、情感、情感变化）吗？

2. 你能从焦急地等人、期待落空、久别重逢三个情景中选择一

个，通过描写人物的神态、动作、语言等，表现出人物的内心吗？

3. 你能结合课文和查找的资料，说说对"青山处处埋忠骨，何须马革裹尸还"的理解吗？

学程设计

采用"多循环"学习结构、"综合练习"形式、"常态分组"。

主干问题及问题系统设计

依据学生预习时反馈的问题及课标要求，对问题进行了以下归类：

主干问题一 抓住重点句段的描写方法感知毛主席的品质、情感和情感变化，并运用这样的描写方法选择一个情景写一写。

学习方法：建模法。（1. 找句子；2. 说描写方法；3. 体会情感；4. 写一写。）

问题系统：哪些句子体现了主席的常人情感？哪些句子体现了主席的伟人胸怀？选择情景后，如何使用描写方法，精准地表现人物内心？

问题预设1：学生不能准确找出心理描写的句子。

应对：出示心理描写的定义，找几个心理描写的句子。

问题预设2：学生总结不出主席身上既有常人的情感又有伟人的胸怀这一品质。

应对：老师通过具体句子结合生活经验引导学生体会。

主干问题二 结合查找的资料，理解课文"青山处处埋忠骨，何须马革裹尸还"这句主旨句。

学习方法：类比法。（1. 举例子；2. 解释句子意思；3. 说说自己的理解。）

问题预设1：学生能大概说出对"青山处处埋忠骨，何须马革裹尸还"的理解，但不深刻。

应对：1. 举例子 2. 解释句子意思 3. 说说自己的理解。

教学过程

思维的激发：复习检查，导入新课。

谈话导入：上节课我们初读了课文，学习了课文中的生字词，初步了解了课文内容，这节课，我们将通过作者对毛主席动作、语言、神态的描写，体会毛主席的内心世界，感受毛主席作为父亲和领袖的常人情感和伟人胸怀。

思维导引一：（内容对应学习目标1）用喜欢的方式朗读课文第一部分，并完成表格。

句子	描写方法	品质、情感、情感变化
"岸英！岸英！"毛主席用食指按着紧锁的眉头，情不自禁地喃喃着。		
	动作、神态、心理描写	

备份例子一：从见到这封电报起，毛主席整整一天没说一句话，只是一支接着一支地吸着烟。（通过数量词的运用和主席的动作描写，引导学生体会主席当时悲痛的心情。）

思维表征一：小组利用表格合作学习课文第二部分。

句子	描写方法	品质、情感、情感变化
然而，他很快打消了这种念头。他若有所思地说道："哪个战士的血肉之躯不是父母所生？不能因为我是主席，就要搞特殊。不是有千千万万志愿军烈士安葬在朝鲜吗？岸英是我的儿子，也是朝鲜人民的儿子，就尊重朝鲜人民的意愿吧。"		
	心理和动作描写	

备份例子二：

第二天早上，秘书来到毛主席的卧室。毛主席已经出去了，签过字的电报记录稿被放在了枕头上，下面是被泪水打湿的枕巾。

思考：从这段话中，你仿佛看到了什么，听到了什么？

（仿佛看到了夜深人静时，一位慈父在床上辗转反侧；仿佛听到了漫漫长夜里，一位慈父在床上失声痛哭。）

思维导引二：（内容对应学习目标2）同桌之间再次交流文中对毛主席的描写的句子，体会作者是如何将主席的品质和情感描述出来的。

思维表征二：从以下情景中选择一种情景，运用多种描写方法表现人物的内心。

1. 焦急地等人

脚手架：焦急的心理　皱着眉头四处张望　催促时的语速可能很快，语气充满了急切

2. 期待落空

脚手架：失望的心理　眼神暗淡下来　声调低沉，有气无力

3. 久别重逢

脚手架：激动的心理　冲上前去紧紧拥抱，大力握住对方的手说话时语调高扬

思维导引三：（内容对应学习目标3）再次朗读课文并结合查找的资料，谈谈对"青山处处埋忠骨，何须马革裹尸还"的理解。

脚手架：1. 举例子　2. 解释句子意思　3. 说说自己的理解。

思维表征三：历史上有无数为国捐躯的英雄儿女，你能结合对"青山处处埋忠骨，何须马革裹尸还"的理解，讲讲他们的故事吗？

思维内化：对照学习目标思考目标中提出的问题都解决了吗？

（基本思考）学会了什么？（知识与能力）用什么方法学的？（过程与方法）遇到困难怎么解决的？（元认知）（深度思考）

思维迁移：指出下列句子运用的描写方法。（检测对应学习目标 1）

"岸英！岸英！"毛主席用食指按着紧锁的眉头，情不自禁地喃喃着。（　　　）

毛主席不由自主地站了起来，仰起头，望着天花板，强忍着心中的悲痛，目光中流露出无限的眷恋。（　　　）

"儿子活着不能相见，就让我见见遗骨吧！"毛主席想。（　　　）

毛主席黯然的目光转向窗外，右手指指写字台，示意秘书将电报记录稿放在上面。（　　　）

作者运用以上多种描写方法，刻画了毛主席（　　　　　）的形象。

二、从焦急地等人、期待落空、久别重逢等三个情景中选择一个，运用多种描写方法表现人物的内心。（检测对应学习目标 2）

三、用自己的话说说对"青山处处埋忠骨，何须马革裹尸还"的理解。（检测对应学习目标 3）

备份练习题

青山处处埋忠骨，何须马革裹尸还。

这是清代诗人＿＿＿＿＿的《＿＿＿＿＿＿＿》中的诗句。这两句诗的意思是：＿＿＿＿＿＿＿＿＿＿＿＿＿＿。在课文中，"忠骨"指的是＿＿＿＿＿＿＿。这两句诗充分显示了毛主席作为一代伟人的＿＿＿＿＿＿＿＿。

动态学习模块

拓展延伸一：毛主席的诗词

七绝·改诗赠父亲　　　　　　　　采桑子·重阳

孩儿立志出乡关，　　　　　　人生易老天难老，岁岁重阳。

学不成名誓不还。　　　　　　今又重阳，战地黄花分外香。

埋骨何须桑梓地，　　　　　　一年一度秋风劲，不似春光。

人生无处不青山。　　　　　　胜似春光，寥廓江天万里霜。

拓展延伸二：写作宝典

学方法。细节描写指抓住生活中细微而又具体的典型情节，加以生动细致地描绘。如本文中对毛主席的语言描写："岸英？岸英！"动作描写："毛主席用食指按着紧锁的眉头"……这些细节描写成功地展示了毛主席复杂的内心世界，给人留下深刻印象。

记方法。1. 细节描写需要细心观摩大胆描绘；2. 要抓典型，契合想要表达的效果；3. 用词要准确，描绘要细致、逼真，记述要完整。

用方法。我们在写作的时候，要表现一个人处事的态度离不开细节描写，我们可以描绘人物的外貌、人物说话的风格，甚至可以写人物平时走路的姿势，如昂首挺胸目不斜视地向前走、永远板着脸等，为表现这个人物的性格去服务。

课后反思

问题1：我认为学生在将毛主席既有常人情感又有伟人胸怀综合起来理解并运用的时候，体会不深刻。

改进措施：将体现主席品质的句子一一列出来进行讲解，让学生综合理解体会，并出题训练。

问题2：通过批改作业，又发现学生对"青山处处埋忠骨，何须马革裹尸还"这句话的理解还是不透彻,学生在作答时,还是只解释这句诗。

改进措施:让学生消化对"青山处处埋忠骨,何须马革裹尸还"的理解的笔记,揣摩答题要领。

06 备课检查的昨天、今天、明天

过去教案检查主要看谁写得工整、谁写得页数多、数量够不够，而我们现在主要从飞检结果、备课过程考核、备课超规定付出劳动量多少、教案改进、教案内容消化与技能训练等指标，以权重积分形式对教师备课进行全面系统评价。

1. 设立动态随机抽查教案机制（"飞检"）

针对教师课前抄教案课堂上用不上，课后补教案应付检查的现实，变固定时间检查教案为随机抽查教案。

具体方法如下：当天值日教师、值日领导、学科组组长，分别随机抽查两个教师的教案，或问学生或与黑板上板书内容比照，看所授内容与教案是否基本相符（当然允许甚至提倡课堂上动态生成，但预设得充分），并在教案上签字，且注明该教案与所教内容是否相符及相应的等级。为了避免领导既当运动员，又当裁判员，当天学校领导如果有课，应主动让值日教师检查，否则按无教案论处。

关键点：重在用教案。

2. 对教师备课过程进行痕迹复查

一查课标、教参、教材分析是否勾画、批注；二查课本、练习册、试卷中的习题是否提前做过；三查不带任何资料能否说出单元目标或课时目标。

关键点：重写教案前的阅读思考。

3. 备课结果消化与技能训练采取随机抽查形式考评

语文、英语，重点抽查朗读、书写；政史地生，重点考核对内容的熟悉程度（脱稿）；物理、化学，重点考核实验准备与操作。而对目标的把握、知识点层级要求的理解、主干问题与活动设计等为共同考核内容。

关键点：重备课后的消化及技能训练。

4. 教案改进提升，实行"1＋1"改进与落实加分激励

传统教案由教导处检查，旨在甄别、评判、考核，而笔者所推出的1＋1教案检查旨在同事之间互相取长补短，共同学习与进步。

操作方法：变月检查为以学科组为单位互相研讨学习教案编写。第一步，观察同事的教案，填写观察心得；提一个同事急需改进的地方和自己可以借鉴学习的该同事的一个优点；推荐优秀教案编写者人选。第二步，学校汇总后，以反馈卡形式反馈给相应教师。第三步，每个人从同事建议改进栏目中和学习别人长处栏目中各选择一项加以落实，即学习别人一个优点，改进自己一个缺点，简称1＋1。第四步，下个月先检查1＋1改进情况，再提出新的1＋1，如此循环，螺旋提升。

在优秀教案评选上，变暗箱操作为阳光操作，同时评选过程就是分享提高改进的过程，就是成长过程。

关键点：改掉一个缺点，学习一个优点，每月进步一点点。检查

主要是为了诊断、改进、提高。

5. 额外付出实行加分激励

对撰写教案外的编制学案、制作课件（微课程）、整理编写资料（课程资源开发）等额外付出实行加分激励。

6. 发放特殊津贴

凡是被选为校级优秀教案（学案）、课件的，学校购买知识产权，给予撰写制作者特殊津贴。

以权重积分形式对教师备课进行全面系统评价，有以下优点：从教案检查走向备课督查，从静态固定检查走向动态随机"飞检"，从仅关注结果走向过程与结果兼顾，从仅为了考核走向兼顾专业成长，从负面评价走向引导激励正向评价。

需要说明的是，这种方法仍然属于制度规范约束考评，随着教师对学校文化的认同，要逐步变"监督、检查"为"计划、帮助、提醒"，将原来的备课检查改为备课指导，教务处会同教研组把原来放在检查上的精力都集中到如何帮助教师备好课上，变"违规扣分"为"友好提醒"。"友好提醒"比传统的批评考核更为有效，教师会在管理者友好的提醒中掌握好分寸。

07 教研组实现深度备课的八大新策略

策略一 邀请有经验的教师指导单元备课

拿初二数学来说，单元授课前，我们会邀请去年教初二数学、本学期正教初三的有经验的教师，对初二全体数学教师进行单元教材、作业设计、学生共性问题等专题引领。这样新教师就可以不犯重复性错误，就可以站在同事肩膀上把课备得更好，上得更好。

策略二 开展以考定教、学、练，问题前置的单元备课

一开学就将最近三年市县（区）的期中卷调出来，以年级学科组为单位研讨涉及的知识点、考到什么程度、怎么呈现，尤其是让教过该年级、用过该试卷的老师谈上届学生的共性问题、典型问题，给本届教师以建议。试想，如此问题前置，提前预防，考什么就讲什么、学什么、练什么，教学评相匹配，教学效果定会大大提升。

策略三 提倡"三备一背"实用备课

在精读课本的基础上实施"三备一背"系统实用备课。

备教材：确定单元目标及课时目标；清楚该单元知识间的关系，即明晰知识体系；积极思考教学建议要点。

备学程设计：写教案三步走——初步拟定教案设计思路、流程框架；查阅三份优秀教案；修订完善自己的设计。

备练习设计：阅配套练习册、中招复习提纲，把握拓展知识点及题型。

最好将备好的教案背下来，脱稿上课。

策略四　备份同性质题、较高难度的题，以备不时之需

一是精选同等难度的备份例题、练习题，二是科学设置难度升级的例题与练习题备用。

当学生对知识点掌握较好时，备份同性质题就可跳过去；反之，则立马启用，帮助学生消化、巩固知识点。若进展顺利，课堂还有剩余时间，就可推出难度升级的备用题。

总之，依据学情，启动动态题组，题量、题型要充足，选什么题，同类题做几道，讲题进度完全由学情决定。

策略五　要求教案上有课堂生成问题的各种预案

平常教师备课多关注有效问题设计、活动流程、目标达成，这是不够的，应该更为细化、深入，把课堂生成问题及应对策略纳入教案。

策略六　思考新题型解答方法，研究思维建模

1. 语文、政治、历史学科

针对某一题型，从中招卷中精选三至五道有代表性的题，印制下发，让教师梳理、提炼、归纳出该类题的解答思路、格式、方法，即答题模板，再找两道该类型题，让教师尝试运用模板解答，进而修订

完善模板。笔者称之为用理科公式思维学教文科。

2. 数学、物理、化学学科

从该省市有代表性的十套学科中招试卷中，选择某类题，让教师规范作答；与课标要求、考纲考点对照，思考该考点考到什么程度、试题怎么呈现、如何设置陷阱、从书中哪个母题演变而来、近三年试题走向如何、答题技巧如何归纳、对今后教学有什么启示等问题。

策略七　出试卷，倒逼读教参、说课标

在阅读教材的基础上，列出单元目标要求清单，编制一份单元测试卷，一并分析试卷编制结构、题型、分值，以及为什么选这些题，理论依据是什么，即课标对该知识点学习的总要求、级段要求是什么。

策略八　拉长备课链条，增加技能训练的抽查环节

把技能训练纳入备课范畴。要在课堂上示范、操作的内容，备课时做好练习。

教导处成立语文、政史地生教案内容脱稿抽查室，每天随机抽一至两名年轻教师过课，检查脱稿情况。

08 如何科学制订一份实用的新学期个人教学工作计划

一、制订个人教学工作计划的前提

1. 认真学习领会教务处、学科教研组新学期工作思路及核心要点，吃透相关精神要求。

2. 关注近期课程、学科教育教学新提法、新主张、新要求。

3. 重温课标，通览整本书教材，仔细阅读教参上的教材编排体系说明。

二、个人教学工作计划基本框架（附表11）

1. 教情、学情分析。

2. 教学进度安排（年级统一）。

3. 整本书备课结果呈现——整本书思维导图（集体智慧结晶）。

4. 教学重难点。

5. 提高教学质量的新举措。

6. 教研组组长意见。

三、各环节操作要点解读

1. 教情、学情分析

解读：分析自己在备讲辅批考评纠等教学常规落实、培优补差、四清落实、课堂改革、专业提升等方面做得好及有待改进的地方。

学情分析：所教班级学风及学习成绩状况；学生的知识、能力、经验、思维特点。

2. 教学进度安排

本学期教学周数，除去期中期末复习考试时间，就是实际授课时间，原则上留出一周机动。

参照去年教学进度表，并邀请去年教本年级的优秀教师指导，以周为单位，与同事一道协商制定年级学科教学进度。

若学校月考、期中考试还要统计进度以命题，表明进度表没起到作用。

进度表最后设置一个备注栏，以月为单位，把有变动的地方、理由标注出来，这对明年制定进度表非常有帮助。

3. 画整本书思维导图

这个环节是在个人通览教材的基础上，用思维可视化工具如知识树图、知识网络图等呈现自己整本书备课情况。然后学科年级备课组集体教研，吸取各自优点精华完成整本书思维导图。

思维导图可以选择以单元为主题作为主干，也可以用课标中的模块，如语文中识字写字、阅读、写作、口语交际、学科实践活动，作为主干来呈现。

4. 确定教学重难点

在仔细阅读教材说明的基础上，确定哪些单元是重点，哪些单元是难点。确定重难点时还要调出去年的试卷分析做参考。

5. 提高教学质量的新举措

这一部分是撰写重点，可以围绕下列视角展开：（1）新课标教学相关要求；（2）教参上的教学相关建议；（3）上届优秀教师的经验、意见；（4）对应前面学情、教情分析的个性化应对策略。即梳理本学期在教学方面要坚持什么、优化完善什么、探索什么。

6. 教研组组长意见

教师个人写出初稿后，要征求组长意见修改定稿。

09 学科教研组的期末"315"活动值得效仿

笔者的实验校新乡封丘实新学校期末以学科教研组为单位组织的"3结1荐5选"收尾工作非常有价值，值得兄弟学校效仿。

"3结"指对实施学期初教学计划小结、使用教材经验小结及期末试卷学生答题情况小结。

学期初各学科均制定了教学进度表，这属于预设。一学期结束后，因学校活动或对学情、教材把握的原因，实际教学进度较预设肯定有所出入，因此，建议教师把变动原因及变化情况用红笔批注在原进度表中，为明年新教师制定进度表提供真实有效的参考，这样新教师制定进度计划实效性会更强。

教师教了一学期，对教材使用一定积累了不少经验，为此我们要求教师以单元为单位，梳理出本单元的重点、难点、易错易混点、常见考点，以及学生需要补充的知识与经验、可复制的微创意、教学策略与措施。这样明年开学把这些珍贵经验资料调出来，新教师就可快速上道，通过借鉴消化吸收同行老教师的经验，把备课、上课做得更好。

区县教研室命制的期末试卷具有一定的导向性、代表性和连续性，对明年教学及备考有重要参考价值。为此我们要求教师制作试卷知识点双向细目标，研究新题型，研究命题改革，研究试题变化趋势及走向，更重要的是教师要对一半以上学生出错的题、全军覆没题、知识盲点等详细登记分析，并且写出应对策略，怎样备考更有效，学生怎样才能考得更好。这样，明年教学及复习备考时，就可以提前预防，把这些问题有针对性地提前解决掉，使本届学生少犯或不犯上一届学生的共性错误，考得更好。

"1荐"指的是以教研组为单位，向学校推荐使用最顺手的一份教参，符合省情的一套单元测试卷及一份练习册，为学校明年征订资料提供有价值的参考。

"5选"指的是以学科教研组为单位，精选最能代表自己水平、最有创意的5节精品课教案、5个精品课件（微课程），纳入学校优质教案、课件资源库，同时学校评出十节精品教案、课件予以表彰并购买知识产权。明年新教师在此基础上修改补充，定能节省备课时间，提高备课质量。

这种"我为人人，人人为我"的团队合作精神，这种让宝贵经验传承发扬光大的做法，对新教师比较多或教师变动较大的学校更有价值。

上课篇

10　新课堂教学常规48条

教学无小事，处处彰显智慧。小细节，大作用；小细节，大效益；小细节，显理念、映品位。为此笔者特别推荐郑州陈中实验学校教研室在借鉴专家学者相关论述基础上，研发的新课堂教学常规48条。

1. 重塑课前备课。从教教材到用教材教，更要按课标要求教；变教学目标为学养目标，变重设计目标为重达成目标；单元统整落实学科素养目标；从重视高参与行为活动设计，关注高参与行为活动水平，到重视高认知行为水平达成设计。课堂设计急需植入四种新思维——设计思维、游戏思维、戏剧思维、互联网思维。

2. 提倡课前"背课"。教师要对授课内容、课件操作烂熟于心。（脱稿）课堂上关注课堂秩序、动态生成，而不是教案。故笔者建议把课前技能训练纳入备课范畴。

3. 倡导提前候课。提前候课是营造氛围、安顿秩序、组织教学不可或缺的环节，是学生收心、从课间兴奋状态进入本节课学习状态的调节环节，是学生学习习惯养成与检验的特定环节，是师生情感交流、构建课堂"情感场"的起始环节。具体要求是：提前三分钟走入教室候课。候课四件事：布置预习任务，打开电子白板，提示学生尽快进入学习状态，检查学生课前准备情况。

4. 规范组织教学。一边用目光巡视学生，一边大方走上讲台，大声喊上课，眼睛直视说话、没起立或站得不规范的学生，但凡有一个没站好、没达到标准，就不要还礼、喊坐下。

5. 积极创设容错文化。课堂上鼓励学生敢于说出自己的真实想法、看法，学困生能自在公开地说出"我不会""我不懂"应成为常态。课堂上教师不以"害怕、失望、不耐烦、惹麻烦"心态对待学生出错，而要以"寻常、理所应当甚至尊重、兴奋、期待"心态对待，甚至鼓励、怂恿、留机会让学生犯错。课堂上当学生卡壳或发言断断续续时，不插嘴、不打断，并且给以鼓励眼神或手势，让该生深度思考，实现思维打通和进阶，享受突破思维瓶颈后的成功。总之，践行"容错—融错—荣错"的化错教育，变"事故"为"故事"。

6. 让同学真正成为一同学习的"同学"。小组学习要从"互相说"走向"互相问"，从互相教走向互相学，从关注学会说到关注学会问，让学生从外在、短暂想学走向懂得为什么而学，进而产生内在、持久想学的想法。

7. 关注合作学习有效发生的影响因子。建立积极的相互依赖；进行面对面互动；明确个人责任和小组责任；有意培养人际和小组交流技巧；小组自动化运作、及时总结反思；直击学科本质、难度适宜的任务。

8. 让倾听润泽表达。没有倾听，表达则无意义。教师应引领学生听的层级提升——听见，听清楚，听明白，听出连接、感悟，从习惯评价性、选择性倾听走向解释性、全身心投入地积极倾听。尝试建立、使用课堂倾听条约，引导学生提升说的层级，有主题地说，说明白，说清楚（有理有据艺术地说），并养成良好的发言姿态，抬头面对倾听者，用手势来辅助表述，使用提示卡。

9. 安排挑战性任务，对学生表现要有高期待。切忌问题碎片化且提示过度，讨论展示低水平重复，廉价掌声过多，个别学生游离于课堂之外，对学困生彻底放弃。

10. 选择恰当的教学模式。若所学内容在学生最近发展区，可采取自学、对学、群学、展示、点拨等方式先学后教，教后再学；若学习内容超出自学能理解的范围，教师可先点拨，再合学、对学，最后自学。问题、任务确定后，倡导学生自主选择学习模式。

11. 一次性发完整指令。发出重要指令时，端庄严肃、语言清晰干脆，务必停下正在做的其他事情。布置自学、合学任务时要一次把问题、要求、方法、完成时间说清楚，忌在学生安静学习期间不停地补充解释。

12. 以问题统领教学。问题的表述要规范、严密、通俗，不能让学生不知所云或产生歧义；每节课要有主干问题，问题之间要相互关联，能串成串，形成链状结构。具体要求是：少提书上有现成答案的问题；不集体问、不群答"是不是、对不对"；减少事实性问题、封闭性问题，增加思考性问题、开放性问题。

13. 边讲边板书边做动作。学生听课风格有视觉型、听觉型、动觉型及综合型，教师讲课要尽量照顾不同听课风格，边讲解（照顾听觉型）边板书（照顾视觉型），还要用肢体语言助讲（照顾动觉型）。

14. 示范性板书。尽量手举过头顶板书，规范书写，字体适中，防止板书太靠黑板下方，因遮挡后排看不到。

15. 适应学生讲解、释疑。提醒学生在合作学习展示或同学回答问题时，要专注认真地听；在同学讲解、展示、质疑、补充时，对得出的重要结论、观点、方法要快速记笔记。

16. 引导学生听课时科学记笔记。边听边记；记不能影响听；听懂的不记；书上有的不记；较长的句子用关键词或符号去快速记；教师讲的重点要记；学生说的重点要记；自己认为重要的不懂的要记；课堂上记粗略笔记，课后再转化为详细笔记。

17. 注重展示时同步记忆。学生讲题讲到或用到的重要知识点，教师感觉班上多数学生不知道或掌握不好时，要喊暂停或提示讲解者，用点时间让学生识记这个知识点。

18. 学生回答问题后，教师一定要有追问、追思、追联、生新疑的后续问题设计。当回答正确时，可以提出一个促进性问题，让学生深入思考；当回答不完整时，要问学生如此思考的原因，可适当提示。旨在借助追问，促使学生深层次思考，知道是什么，还要知道为什么，知道这道题怎么做，还要知道这类题怎么做。

19. 与学生要有目光交流，有互动。学生缺少与教师目光交流或缺少教师关注时听课效果会受影响。故教师讲解例题或板书时不要固定站在讲台一边，要更换站立位置侧身讲解。

20. 处理课堂违纪、偶发事件重在控制事态。要用最短时间、最简语言处理，原则上不超过三十秒，切记你是学科教师，此时是学科课堂，不是班会课。课堂上要用最小代价、最短时间依层级处理课堂偶发违纪事件，获取最大效益。说一句能解决的就不说两句，班内能解决的就不送校方处理。微违纪，不处理；小违纪，小处理；大违纪，大处理。千万不要"高射炮打蚊子——大器小用"，否则，遇到学生严重违纪，你就束手无策，黔驴技穷；要学会不怒自威，要学会自我保护。

21. 有针对性地下讲台走动。学生讨论或练习时，教师要走下讲台，在小组之间有目的地巡视走动：关注薄弱小组，关注学困生；关注答案的多样性；确定下一环节提问、展示的对象；拿笔及时批改与反馈，并用一句话或手势给予评价。

22. 教师布置任务或安排活动时要求学生不准抢跑。若学生未听完合作讨论的问题、要求，尤其是忽视教师的面部表情、手势等肢体语言就匆忙开始，即"没听完就开始，快半拍"，会导致某些学生不知讨论要求是什么或者遗漏问题，造成讨论偏题或效率低下。正确做法是：让学生学会完整倾听。教师要明确指出合学任务、方法、时间，让学生复述，待全体学生清楚后再开始。

23. 对教学指令学生不能慢半拍。活动、讨论暂告一段落，转入教师讲解或小组分享时，要求学生不能慢半拍。慢半拍，多表现在教师宣布合作讨论结束后，放不下手中文具或材料，即"停不下来，慢半拍"。这样导致分享环节不能从头听起，跟不上节奏，严重影响倾听效果。故要求学生对教学指令要严格执行。

24. 回答问题，可借用统一手势。比如选择题可让学生伸食指、中指、无名指、小拇指分别代表A、B、C、D四个选项；判断题用手比画√、×来表示正确与错误。巧借手势判断学情：大拇指向上、向下、放平分别表示全部听懂、一点没听懂、不全懂；举左、右手分别表示自身有特殊情况、与教学有关的问题；等等。

25. 不鼓励学生快速举手。为避免学生答案肤浅、片面，教师要引导学生思考成熟后再举手。当学生急于举手回答时，教师可提醒学生，答案完整吗？还有更好的答案吗？还有别的方法吗？提问到你（们）能说明白吗？怎么说？

26. 用好课堂上的黄金学习期。上课后五分钟到二十五分钟，是一节课的黄金学习期，必须确保用于处理本节课的重难点，切忌导入时间过长，处理昨天的作业问题、处理班级事务的时间过长，也不能一上来就批评学生，在师生情绪不佳的情况下讲新课。

27. 关注课堂提问的两个三至五秒的黄金等待期。第一个黄金等待期是指提出问题后，要留三至五秒等待时间（候答距），让学生深度思考，不提倡急于举手，更忌先叫学生再说要回答的问题；第二个黄金等待期指的是点学生回答问题后，要留三至五秒反思时间，让回答问题的学生修改、补充自己的答案，让其余学生概括回答问题的学生的发言要点，与自己的答案做对比并思考如何有理有据地质疑补充，教师也可思考怎么评价与追问。

28. 明确课堂声音刻度尺。让每一个学生懂得什么场合必须静默、保持绝对的安静，什么场合必须非常克制地压低音量细语，什么场合能以正常音量交流，什么场合可以敞开嗓门讲话。

为了给学生提供一个关于声音大小的比较直观的参考，可将课堂的声音分贝设定为一、二、三、四这几个刻度级别。具体界定如下：一度声音，只有自己一个人能听到；二度声音，同桌能听到；三度声音，六人小组讨论时互相能听到；四度声音，公开发言、大展示分享的时候，全班同学都能听清楚。

29. 例题与练习题的选择、设计要统筹考虑四例四维。四例指的是范例（有代表性、示范性）、同例（与例题同类型）、变例（变式训练题）、仿例（学生自己出）；四维指的是正向思维（直接代公式、顺着想）、逆向思维（公式需变换、需逆向思考）、特殊思维（跟生活经验有关、有隐藏条件）、综合思维（一个题用到多个知识点）。

30. 明晰不同课型学习的侧重点及特点。新授课先讲明白公式推导、概念，再讲怎么做（应用）；习题课不再讲公式推导，只讲记和用；单元复习课只讲公式的各种变式及应用；大复习课把小规律提升归纳到大规律（多题归一）。课型不同，讲课侧重点不同，不能用上新课的套路去上单元复习课，也不能用上单元复习课的套路去上学期总复习课。

31. 注意重难点。讲到重难点时要有引起学生注意的提示语，同时变换声调、放慢语速等。对于重点，教师讲后，让中等生讲，最后让学困生复述（或同桌互说）。

32. 正确运用表扬。学生发言达到要求时给予肯定，高出要求时才给予表扬，不能降低表扬的标准，不能让课堂掌声廉价；表扬要具体，并且只表扬努力程度，让学生发自内心地主动鼓掌。熟练运用：表扬公式＝陈述事实＋确认事实的可贵性＋表达感受＋表达期望。

33. 让优秀生不陪学。课堂练习时，可同时呈现二三道同类题，若差生做得慢，优秀生可再做一道，时间不白白在等待中浪费。同样地，读书时教师未喊停，优秀生能读几遍读几遍，组词时多组几个，造句时熟练掌握各种词性多种类型的句子。

34. 做到学困生与优秀生做题时间一样长。基础题对学困生来说也有难度，做多道才能掌握。因此课堂检测时，坚持学困生基础题做多道，优秀生不同类型的题各做一道，学困生和优秀生做题时间同样多，不能因分层让学困生没事干。

35. 让学生完整经历解决问题链条。课堂上教师不要"自己做""找思路、找方法、怎么想"这些较难的问题，而把相对简单的具体计算、写答案等留给学生完成，如此肯定会出现"能听懂，遇题却不会做"的现象。正确的做法是，首先让学生独立阅读试题材料，读或圈出关键信息；再让学生用自己的语言组合复述相关信息，抽象、建模成相关问题；最后再让学生分析问题，提出解题思路、方法，让学生完整经历解决问题链条。

36. 回应学生要讲究艺术。当学生回答问题时断时续时，教师不要打断，其他学生不要补充，这对该生思维进阶、顿悟很关键；

若学生卡壳,要依症结引导助其突破;若学生实在不会,可让别的学生发言,但该生发言后一定要让不会的那个学生,把答案重复一遍;若学生回答完整,教师对该生要追问;若学生板演,待学生完成后,一定要提示学生认真检查后再下去,做完检查这个习惯渗透培养很重要。

37. 一题快速讲多遍,不如慢慢讲一遍;用一种方法讲多遍不如用多种方法讲一遍。有的年轻教师因把握不准学情,先是快速讲一遍,接着问"会了吗",若响应者寥寥,就再讲一遍,如此一道题能讲四五遍,到头来学生还是不会;有的年轻教师则习惯用一种方法讲,忽视学生听课类型的不同,导致听不懂的讲多遍依旧听不懂。因此,讲解时要慢慢讲,一次讲清楚,若需要重复,换一种方法讲。

38. 巧妙应对、处理卡壳现象。当学生站起来回答问题,一时卡壳进行不下去时,最忌讳的:一是罚站;二是不耐烦,不给学生继续思考、突破思维瓶颈的时间,急忙喊停,让学生坐下;三是教师或优秀生代为回答,先前学生被晾在一边。其实,学生卡壳的原因无非三种:一是因对问题中某个词语不理解而不明白问的是什么;二是条件与结论或旧知与新知建构时逻辑推理出现障碍;三是知道答案,但组织语言困难。当然也不排除学生走神不知教师问的是什么这种可能。卡壳时有针对性地提示非常重要。注意,是提示而不是暗示。一是提示答案的位置,比如"谁能告诉他在哪里可以找到答案"。二是提示下一步该做什么。三是教他所缺旧知识、方法,搭桥或分解问题。四是提示某一术语的另一个名字或意思。五是识别错误,比如"谁能告诉他错在哪里"。六是让学生自己说出不明白的地方。

39. 对学生答案一定要秉持"对就是百分之百正确"的高标要求。对学生答案,教师不要随意说出"对""正确",接着把完整答案或想让学生说的答案说出来，造成部分学生没有感知到教师叙述的答案与自己的答案的不同，自认为自己回答对了，结果考试时不得分或被扣分。也不要说"不错，就是这个意思"，然后说出标准答案，这样，真正考试时，部分学生的答案仍然不规范。因此，教师一定要秉持"对就是百分之百正确，对就是满分"的高标要求，切莫为照顾情绪，评价时含糊其词或表扬过度，造成学生误认为有瑕疵的答案就是正确答案。

40. 依学生眼神、表情及提问时学生回答情况判断是重复还是往下进行。比如提问学生一个问题时，若遇到如下情况，第一个学生不会，第二个学生答案不完整，第三个学生答案虽完整，但没有条理，唯有第四个学生能条分缕析、有理有据地说出答案。老师千万不要如释重负，认为学生总算会了。从上述学情看，至少有一半学生还没掌握，教师极有必要给予重新梳理或换一种方法再讲一遍，否则会造成夹生现象。

41. 课堂上要避免学生回答问题时一味揣摩教师想要的答案，而不是多元思考，说出自己的真实想法。遇到学生答案不正确，总是说"还有别的答案吗""你敢肯定吗"，或眉头紧蹙、撇嘴；答案正确，则眉头舒展、微笑、点头；学生说出想要的答案立刻板书，否则不板书……这些行为都会暴露教师的潜意识，让学生感知到答案正误及教师对该答案的重视程度，教师应尽量避免。

42. 变固定教学案为动态生成案。教案上要有课堂生成问题的应对预案。如学生对问题的回答、解决可能出现哪些错误，如何应对，以及对这个问题的追问、拓展策略。

43. 备份例题与练习题。一是精选同等难度的备份例题、练习题，二是科学设置难度升级的例题与练习题。课上依据学情启动动态题组、题量、题型要充足，选什么题，同类题做几道，讲题进度完全由学情决定。

44. 做到展评合一。将单边展示变成双向展评：一是提问式评学，二是补充式评学，三是质疑式评学，四是辩论式评学。

对展学内容要梳理、归纳、提炼、拓展，上升到规律。点拨形式可以多元，如同步点拨、总结点拨、提升点拨。

45. 课堂小结要迭代升级。课堂小结从教师小结转向引导学生自我小结，用思维导图、5R笔记法进行小结，让学生既要总结知识点、结论，更要总结思维方法、学习方法及元认知。课堂上说出来，课后写出来，晚上再冥想贮存变成永久记忆。

46. 每节课要有有效当堂达标检测环节。课堂练习题要精选，靠记忆、死知识解答的题要少，增加知识创新运用、需要建模、解决实际问题的题目，要依据课堂现状动态生成，即练习一定要有针对性、应用性、创新性。

错峰检查。比如教师同时出示三道同类题，一部分学生做完第一题，就接受检查，当接受检查的人多时，其他学生可继续做第二题，做完后再接受检查，若人还较多，还可继续做完第三题，再接受检查。这种错峰检查避免了长时间等待，让时间得到有效利用。

学生课堂作业还可实行免检、抽检、必检动态管理，免检能够增强学生的成就感。

47. 严禁拖堂。靠拖堂讲完的内容基本是无效的；拖堂耽误学生喝水、去卫生间，影响学生身心健康；拖堂影响下节上课，易引发学科教师之间的矛盾。

48. 课后要求学生把课堂粗略笔记整理成详细笔记，借助5R笔记法复习强化。做作业要遵循复习—做题—检查的科学流程，限时完成。错题让学生进行找错因、规范订正、找同类题巩固、概括相关知识点、还可怎么变、多次消化的六步纠错。提倡写运用学科知识解决实际问题的学科日记，倡导填写单元学习成果单，进一步巩固学习效果。

11 如何评价一节常态课的好坏

首先我想表达一个观点，不能用公开课、示范课评价标准来评价一线教师的常态课。常态课犹如"家常菜"，好吃又有营养，因此，我在这里倡导用宜、疑、绎、忆、移这五个字来评价一节常态课的优劣。

宜——目标适宜

依据课标、教参、学情来确定一节课的教学目标，教学目标要适宜，要在学生最近发展区。

在教学过程中可将教学目标转化为学习目标，学习目标要适宜、具体、可测、分层；不要太多，原则上两至三条，每条尽量用"行为主体＋行为条件＋行为动词＋行为结果"格式来书写，行为动词尽量不要用"理解、掌握"等词义笼统的动词，多采用"说出、归纳、学会"等语义明确的动词来量化目标；要体现知识、方法、思维、素养多个维度。

若有能力可尝试站在思维素养层面来撰写学养目标，甚至把行动方法、学习内容、要达到的标准及渗透学科素养整合到一块来写。

当然，若能从以往指出知识学习重难点走向梳理出核心概念、关键能力会更好，倘若能定出目标达成检测指标、路径、方法则更完美。

疑——设疑恰到好处

知识学习问题化，问题设计层次化。不能把习题当成问题；问题要有层级和梯度。要逐步减少浅层次、封闭、思维空间小的问题；少直问，多"曲问"、追问。

问题设计不能碎片化，要指向主干问题、框架问题、核心问题、"胖"问题。若有指向高阶思维、深度学习发生的挑战性问题会更好。

问题设计不能随意化，要紧扣课标、单元目标、核心概念确立、关键能力形成来创设问题。

课堂上要减少检测类、理解类、管理类问题，增加鼓励学生去交谈和思考的问题。事实性问题少些，程序性问题、策略性问题多些，更要关注与元认知有关的问题设计。

课堂上要关注学生提出的问题，要关注课标、教参要求解决的问题，还要有教师提出或串联的问题。最好能把上述问题按某种逻辑组合成问题链，形成问题系统，即从问题设计走向问题系统设计。

绎——问题得到解决

引导学生选用适合自己的方法解决问题。尽量引导学生用自主合作探究方式去解决，让学生在解决问题的过程中，培养批判性思维、动手能力、解决问题的能力等素养。一定要让学生遵循发现问题、提出问题、分析问题、解决问题的路径去解疑，释疑。

关注、研究预设问题，又不忽视、淡化生成问题的解决。借助追问、关联，让学生产生新问题；问题解决后引导学生对解决问题的思维、方法、过程进行梳理、反思，改善与提升学生的元认知技能。

忆——让知识、方法、思维构成系统

让学生自己小结，课堂上说出来，课后写出来；提倡用思维导图等学习工具小结；建议从知识、方法、元认知三个角度小结。

从小结主体看：课堂小结环节三级跳——教师小结、教师引导学生小结、学生独立小结。

从小结内容看包含三个层次：仅对知识点小结——学到了什么，即指向学习内容；对知识点小结外，又对学习方法、学科思想进行小结——用什么方法学，学习策略即认知策略；对知识点、认知策略小结外，还对元认知策略进行反思——解决问题时我积累了什么经验、我是如何克服困难的，即对认知过程实施监控。

从小结使用工具看：没有工具；教师指定工具——鱼骨图、5R笔记法等；学生选择喜欢的工具。

从总结呈现方式看：心里想一想；说出来；写出来再分享，思维可视化、作品成果化。

移——课堂练习有效度、达标率高

课堂练习不能少，有效度、达标率要高，这是评价一节课好坏的重要指标。

教师要学会试题设计，从作业布置走向作业设计。要减少靠机械记忆解答的题，增加开放性探究性题目。课堂练习要像考试那样严格要求，限时、独立、规范作答。

总之，评价一节课的好坏就五个字：宜，目标要适宜；疑，设疑、质疑、生疑；绎，解疑、释疑，改变认知、思维层级；忆，小结、记忆，让知识、方法、思维构成系统；移，迁移、练习、应用，课堂练习有效度、达标率高。

12　从回答走向回应，构建问题回应链

课堂虽然是由不同问题串联起来的，但解决问题的回应结构是相似的，并且各学科是通用的，故抓住了师生协同解决问题的回应链学习与指导，就如同找到了课堂效率低下的根源。

美国教育学者沃尔什在《优质提问教学法》一书中提出了课堂提问从回答走向回应的新主张，并且阐述了一个完整回应链构成。笔者结合当前课改阶段，重构了回应链，并细化了师生在各个环节的角色定位，具体如下：

环节 1　呈现一个优质问题（习题）

教师可以让学生重复教师问的问题或复述题意，由此判断学生是否听清楚并明白题意。

环节 2　选择或推荐回应结构让所有学生参与进来

常见回应结构有：自学—抽查；自学—对子讨论—达成共识—分享—小组讨论—展示—反馈；自学—重点讨论—反馈；等等。

环节 3　留出第一个思考时间

口头提问留三到五秒，习题留三至五分钟。

学生思考期间教师不要不停提示、解释，以免干扰学生思考。对思考提前结束的个人或小组轻声提出如下问题：答案完整吗？还有更好的答案吗？还有别的方法吗？提问到你（们）能说明白吗？怎么说？

学生独立思考或协作思考。学生要明确思考就是先从大脑中提取相关知识，再重组寻求个性见解、答案，既能忆又能组合用。不要一有答案就举手，让思维停滞，同时影响干扰同伴思考。首先想到的答案多是肤浅的、片面的、常规的、共识的，要自我多维质疑：漏掉什么没有？全面吗？深刻吗？新颖吗？有见地吗？

环节 4　学生（小组）有理有据大声回答问题

学生回答卡壳教师千万不要打断，这时是学生思维进阶、顿悟的关键点。正确的做法是，教师针对情况进行有效提示。

学生有条理、有理有据地大声回答。被问学生没有说完，其他学生不要提示，更不要打断，也不能急忙说出自己的答案。被问学生回答时，其他学生全身心投入地听，有关联地听，要留意他是从哪里用什么方法得出这个答案的，他的答案与你的答案有什么关联与不同。

环节 5　留出第二个等待时间

回答问题的学生要思考答案的质量，如是否添加内容，给出明确的例子，提供依据，纠正答案，或者产生疑惑并提出来。其他学生可以反问自己以下几个问题：我的答案与他的一样吗？如果不一样，谁的回答更正确，为什么？我应该怎样补充，并通过延伸和举例来证明我的答案？（即准备回答和解释。）

教师要利用这段时间认真思考如何对学生做出最好的回应，以及接下来的反馈方案。比如如果学生的答案不清楚,要提出什么问题来提示学生阐述清楚。

环节 6　交互反馈

教师要发挥组织协调主导作用,要创设质疑辩论交锋、碰撞环境场,让高质量互动产生。当学生回答正确时,可以追问,让学生深入思考,也可问另外一个学生是否同意第一个学生的观点以及原因;当回答不完整时,问学生如此思考的原因;当回答不正确时,适当提示,让原来的学生能得出正确的答案。

补充的学生要先概括发言者要点,再说自己的答案与前者的关联,最后说自己的新见解。质疑学生与被质疑学生可以辩论。追问、质疑时可借鉴如下句式:告诉我你说……的理由?我很想听你讲讲得出答案的过程。请给我举一个例子。你用什么依据来支持你的观点?

环节 7　咀嚼、品思答案及思维过程

如有必要给学生留出二次深度思考、加工输出成果时间,回顾解决问题的思维、思路、方法,从建模角度盘点,呈现最终作品或成果。

上述环节可依据学情及熟练程度动态取舍,对师生的要求也可做相应调整与创新。对学生可进行专题或渗透培训。

13 新授课时的单元复习课与期末复习时的单元复习课有什么不同

新授课时的单元复习课与期末复习时的单元复习课在课堂立意、目标达成路径、练习题选择等诸多方面有较大差异,后者绝不是前者的翻版与重复。

从立意上看:前者是对本单元知识、思维、题型的第一次线性梳理,属于单元内基本建构;而后者属于站在整本书结构上对单元内容的对比、关联的立体、深度建构。

从授课方式及侧重点来看:新授课上讲题重在讲明白公式推导、概念怎样理解,在此基础上才讲基本题型怎么做(应用);习题课不再重点讲公式推导,把重点放在了记和用上;单元复习课重点是讲公式各种推论变式及应用;大复习课及期末复习课重在把小规律提升归纳到大规律(多题归一)。在这里我想表达的是,课型不同,阶段不同,讲课侧重点也不同,因此不能用上新课的套路去上常态单元复习课,同样道理,也不能用新授课时单元复习课的上课套路去上期末复习时的大单元复习课。

从选题视角看:例题与练习题的选择、设计要统筹考虑四例四维。新授课例题与练习题的选择应以考查正向思维为主,涉及一点点逆向思维题;习题课例题与练习题的选择应以考查逆向思维为主,涉及一些特殊思维题;常态单元复习课例题与练习题的选择应以考查特殊思维为主，涉及一些小综合思维题；期末大单元复习课例题与练习题的选择应考虑以往周周清、月月清中的易错易混点，以跨单元综合题为主。

新授课时单元复习课重在知识、题型系统归纳，重在系统性；而期末大单元复习课重在查漏补缺，强化掌握不好的题型，重在思维建模，重在迁移，重在训练速度、准确度。

比如期末字词复习时，生字要打乱顺序，随意编排；教师依据每个生字的特点，确定这个字重点考的是音、形、义的哪一项，不平均用力。复习的最后阶段，可每节课抽五到十名学生，每个学生挑自己认为最难写的五个生字考别人，前提是自己先会写。写的同学会写的写，不会写的画圈代替，然后呈现答案、核定答案，学生对不会写的或写错的，重点写、重点记忆。也可教师听写，同样，学生对不会写的画圈代替，默写完后教师通过课件呈现生字，学生核对不会写的或写错的，重点强化记忆，一段时间后教师对重点字词、易错字词再考。这样不平均用力，各人学自己不会的，效果相当不错。

再如分数应用题期末复习课，重在打破学困生思维瓶颈，让中等生思维生长，让优秀生思维创新。比如选几个易错易混题，优秀生重在用量率对应法、方程法、混合比法等一题多解、多题归一，重在算法最优化；中等生重在强化掌握不太熟练的方法；学困生重在训练速度、准确度。

特别提醒：期末大单元复习时，笔者发现学生在遇到熟题时，往往瞟一眼或粗略读一下，便直接解答，审题、思考不充分，因此务必提醒学生熟题当作生题做，生题按程序做，绷紧这根弦，以避免考试时犯低级错误。

14 变课堂小结为课堂整理

无论传统课堂还是新型课堂，都有一个共同环节——课堂小结。课堂小结对知识系统化及学生系统建构知识有着重要作用。

传统课堂小结多是教师去总结；多用语言或文字板书去小结；多是小结知识点；学生只是听，缺少书面小结。

由此，我倡导把课堂小结环节变为整理环节。变课堂小结为课堂整理，不仅仅是名称变化，更是内涵、本质、作用质的突破。

课堂整理理念及视角：从教师自己小结走向引导学生自主整理；从仅用语言小结走向借助思维、学习工具全脑参与的高效整理；从单一对知识小结，走向对知识、方法、元认知三个维度的全面梳理；尤其关注对自我系统、元认知系统、认知系统启动运行的反思，比如学科规律、工具使用等；不光课堂上说出来，课后还要以学科日记形式写下来，甚至晚上就寝前用冥想方法，变短暂记忆，为存盘性质的永久记忆。

概括起来说，课堂整理整理什么？整理物品；整理情绪；整理知识；整理思维（方法）；整理问题；整理关系及元认知。

课堂整理环节还可怎么拓展？把整理环节放大成每天一节整理课，同时留整理分享、问题释疑环节；每月可设一个整理日，及时解决月缓存问题；每学期让学生进行一次整理综述或开一次整理方法交流会。

  总之,把整理当作一种技能去训练、去培养,让整理成为一种学习习惯、生活习惯,伴随孩子一生。

15 课堂上巧用小纸条与小卡片

不起眼的小纸条或小卡片，若师生在课堂上运用得当，会起到助教助学的作用。为此，笔者整理了如下小纸条与小卡片供教师相机使用。

1. 提示卡：展示时学生语言不简练，或分不清主次甚至有点跑题时，教师可递个小纸条，提醒学生注意时间、主题。

2. 备忘卡：提前将展示要点写在小卡片上，展示时可以像主持人一样，将小卡片握在手里，卡顿时看一眼。

3. 展示卡：教师可给小组每个成员每节课发两至三张展示卡，展示一次收回一张展示卡，展示卡用完不得再展示；简单问题让潜能生展示，确保展示机会最大化。

4. 笔记卡：也称即时贴，将同学发言要点，或教师点拨拓展内容，整理后粘在课本上，复习时用。

5. 抽题卡：可将题号写在小纸条上，让组长抽签决定展示点评内容及顺序。

6. 问题卡：卡上可注明展示及要点评的问题，小组不仅要研究本组展示的问题，而且还要研究点评的问题，这就避免了点评时因无思考低水平发言的弊端。

7. 激励卡：教师可印一些孩子喜欢的卡通人物形象的卡片来奖励

孩子。卡片之间应有层级，设立兑换关系，构成评价链条，起到累积激励的作用。

8. 学情记录卡：教师可手持小卡片，随时记录学生在合学、小组展示中暴露或存在的问题，确定大展示对象，以及要追问或点拨的问题。

9. 学具卡：制作英语单词卡，语文生字、拼音扑克，等等，让学生玩中学。

10. 对子互检问题卡：学生互相提问题，或出题考对方。

11. 道具卡：学生利用彩色卡纸制作小动物等头饰，展示时戴在头上，形象逼真，有助于进入角色。

12. 心情卡：班里可设计一棵心情树，不同颜色的小卡片代表不同心情，教师可依据心情树，有针对性地进行疏导。

13. 师德师风监督卡：学校可聘请学生当师德师风监督员，当教师有拖堂、体罚或变相体罚学生等有违师德师风的行为时，监督员可相应出示黄牌、红牌等给予提醒、警告。

14. 优点轰炸卡：每周可选择一名学生，让班里同学写出他（她）的优点并大声朗读，收齐后作为礼物让该生保存。

15. 励志卡：将自己喜欢的一句名言、自己的奋斗目标、需要改掉的不良习惯，制作成卡片贴在课桌上，时时提醒鞭策自己。

16. 漂流卡：各小组将本组对某问题的看法制成漂流卡，征集看法，或补充新生成的观点，这样人不动就可实现跨组交流。

17. 评价卡：设计成表格，供组长对组员的课堂表现进行打分记录用。

16 鼓掌的花样，举手的创意

课堂上鼓掌的方法

掌声1 酋长般的掌声

方法：拍两下桌子（或大腿），鼓三下掌，重复三次。

掌声2 暴雨般的掌声

方法：手举过头顶，用力鼓掌，拍得又快又响，拍手时间不低于三十秒。

掌声3 潮水般的掌声

方法：像潮水般起伏，掌声由强渐弱，再由弱渐强，最后再有节奏地大声连拍三下。要有老师做潮涨潮落的手势。

掌声4 龙的呼唤般的掌声

方法：口中喊"1234 嘿——，1234 嘿——，1234、1234 嘿——嘿——嘿——"。喊"1234"的同时双手鼓掌四下，喊"嘿"的时候两手分别用力握拳，举过肩膀用力顿一下。

掌声5 英雄般的掌声

方法：啪啪啪，嘿！先鼓掌三下，接着高喊"嘿"，同时两臂用力向上张开成 V 字形。通常连续做三遍。

掌声 6　十全十美的掌声

方法：前面七下快速连击，后面三下中间略停顿。

掌声 7　一个掌声

方法：老师提示"让我们给某某同学一个掌——声"，"掌"字拖音，"声"字发出后，全班同学拍一下掌。

掌声 8　鼓励的声音

方法：学生齐声高喊"某某同学，你很棒！你真的很棒！！你真的真的很棒！！！"三次表扬伴有动作，第一次前后臂呈四十五度，目光朝被表扬的学生，伸大拇指点赞；第二次点赞同上，但手要顿一下；第三次点赞顿两下，胳膊伸直。

掌声 8　自我鼓励的声音

方法：教师或组长说，让我们自我激励一下，学生边说"我真棒！我真的很棒！！我真的真的很棒！！！"边做动作手势，要求同上。

掌声 9　对子自我激励

"我很棒！你很棒！！我们都很棒！！！"说"我很棒"时大拇指伸到自己前方，说"你很棒"时大拇指伸到对方前方，说"我们都很棒"时双方大拇指相碰一下，再大开胳膊呈 V 状，并喊"耶"。

说明：1. 每周选用一种掌声，这样有新鲜感；2. 课堂上廉价掌声少些，教师提议的被动掌声少些。

花样举手让学情判断更准确

学生手势被赋予一定信息，可以焕发出新的生机，这样教师单从学生手势，就可获得丰富的反馈信息。

1. 选择题：比如教师出示一道选择题，该题有 A、B、C、D 四个选项，教师不妨规定学生伸食指、中指、无名指、小拇指分别代表选择A、B、C、D四个选项，这样教师仅从学生的一次举手情况，就可以知道题目的回答情况，使提问更具有针对性，同时还避免了原来随意提问回答雷同的情况，大大提高了课堂效率。

2. 判断题：正确的，学生同时伸出右手的大拇指、食指成"√"状；错误的，学生同时伸出左、右手的食指成"×"状。同样，发表对某个问题的看法时，也可采取类似的方法。

3. 若对答案胸有成竹，把手举得高一些；还有疑惑正在思考，把手举得低一些；若急于发言，手上下快速移动，但不能发出声音，不能离开座位。这样就可避免不必要的争抢，避免课堂失控乱哄哄。

4. 左右手举手：若提问的问题与本节课内容有关，举右手；若与本节课无关（比如需要上厕所、身体不舒服、同学间发生矛盾等），举左手。若发现学生举起右手，教师可以悄悄地走到学生面前，轻声询问妥善处理。这样就可以避免教师讲课正在兴头上时，学生提出一个与本课内容毫不相干的问题（如我要上厕所），使教师创设的课堂情调消失殆尽。当然为了保护学困生的自尊心，教师也可以与学困生约定特殊的手势，比如会时举右手，不会时举左手，使学困生在同学面前不失面子。

5. 关于听课效果，教师也可以跟学生约定。手在胸前平放，手心向上，表明全部听懂了；手背向上，表明部分听懂了；握拳，表明全部没听懂。这样教师就可以依据手势确定下一步的教学活动。

6. 学生自学或小组合作讨论时，学生或组长向教师招手，表明请求帮助；挥手，表明请勿打扰；手呈"?"状，表明已有答案，但不知正误，需要教师核对；做出暂停手势，表明任务已完成，请求布置新任务。

7. 手臂高高举起五指紧闭形成强有力的掌形，表示我要发言；弯曲食指，表示我有问题要问；大拇指和食指同时伸直，表示我要给他的发言做补充；OK手势表示我赞同他的说法；等等。

说明：1. 不鼓励、提倡学生过早举手，过早举手虽然有助于训练学生的思维敏捷度，但会导致学生思维严谨度、答案深度与创新度不够。

2. 别人发言时请不要举手；跟老师想法不一样请举手；需要老师帮助请举手；只有个别学生举手，说明大部分学生还没掌握。

3. 若有许多学生举手，一般遵守两个优先原则：发言次数少的优先，先举手的优先。这个原则要向学生讲明。

17 走班、组班、选班的实践与探索

随着新高考的推行，高中学生选课走班已成为常态。笔者在这里探索的是小学、初中学段个人、小组走班与组班的可行性方案。

一、同年级走班

1. 示范性分派走班

比如以年级为单位，晨读时让英语、语文朗读优秀的学生，跨班领读或展示。

这种走班由语文、英语年级教研组负责组织实施。

2. 缓和对立情绪型走班

若学生或家长与老师发生了小别扭或闹了点不愉快，一时双方情绪对立或学生（家长）对教师有抵触心理，该生或家长可申请到外班"体验新的环境"，最短一个月，最长一学期。

3. 寻求学习风格、管理风格匹配的走班

对自己班级教师授课风格或班主任管理风格不大适应的同学，可申请走班。

（2、3这两种情形的走班程序和方式可做如下规定：家长或学生本人提出申请，并做出到其他班级后遵守纪律的承诺；流入班和流出班的班主任签字同意；年级审批、德育处备案；原则上走班时间不短于一个月不长于一个学期，但走班到期后，若走班学生不想回原班级，经流入班班主任同意可以继续在新班；走班期间，该生的学籍及考核依然在原班级，对走班者实行双重管理。)

4. 班干部或小组长学习经验型走班

在推行高效课堂、小组合作学习的学校，小组长在合学、展示等环节的作用非常关键。可派薄弱班级的小组长到优秀班级观摩体验一周。同类班干部之间也可协商跨班任职，到外班挂职学习体验一周。

这种真实情境中的学习体验，效果非常明显。同时也间接促进了班主任、任课教师之间的学习与交流。

5. 访问学者型走班

让学生自愿报名，组成三至五人的访问团到兄弟班级做一周访问学者。这些小小的访问学者在兄弟班级学习格外卖力，因为在他们看来，他们不仅仅是在学习，更是在展示自己班级的风貌。

二、同年级组班

1. 学科协作组性质的组班

对毕业班数学、英语等学生基础差异较大的学科，可尝试学科协作组性质的组班。具体方法是：两到三名教师自由协商组成学科协作组，教学效果捆绑制考核；学科教学可分两到三个层级，同时授课，学生可自由选择适合自己学习层级的班级；协作教师轮流教不同层级的班级。同一个学生数学可选A层班，英语选C层班，注意，不是分快慢班，而是依学科组班。

2. 扩大同学面的组班

团队学习不限于班内，让同年级学生成为同班同学；让小组在整个年级流动起来；让教师资源实现最大整合，发挥团队整体效益。比如五年级有六个班,每班有八个小组,即全校该年级有四十八个小组,在全年级进度统一的前提下,教导处可以双周为单位,适当调配,让不同小组流动组成新班。

三、跨年级组班

1. 周末跨年级组班

比如四(1)、五(1)、六(1)三个班周末下午可以组成一个跨年级班组群,实行学长负责制。其意义在于:孩子之间相互学习是学习中非常重要的方式和内容;孩子最好的老师之一是自己的伙伴;班组群学习方式为独生子女带来更多同龄或跨龄交往的机会。

2. 混龄阅读组班

让不同年级的孩子在同一教室同读一本书,然后彼此分享阅读收获。

四、同年级学生家长选班

学校合理组合同年级各班任课教师,向学生及家长公布各班班主任及任课教师名单,家长与学生协商选择愿到的班级,标明第一志愿、第二志愿及不愿到的班级。学校尽量满足其选班心愿。

若选择某班主任的学生过多,可让该教师担任两个班的班主任,再配一个教师做协理班主任。

总之,小学、初中学段走班、组班、选班,是一种新尝试、新探索,体现的是以每一个学生为本的新理念,对控制学生流失、学困生转化、教学质量提升、教师合作共同体构建等有显著成效,可谓探索出了一条新路。

18　推荐 12 种课型模板

课型 1　凯洛夫讲授法

1. 导入，复习旧知。
2. 讲授新知。
3. 巩固练习。
4. 总结。
5. 布置作业。

变式：启发式。

课型 2　合作学习（高效课堂）

1. 创设情境，引出课题——导入。
2. 出示学习目标。
3. 独学、对学、群学（合学）。
4. 展示（个展、组展、班展）。
5. 学生点评、教师点拨。
6. 小结、拓展、提升——盘点。
7. 反馈检测。
8. 小组个人自我反思。

说明：1、2环节属于出示学习目标，3、4、5、6环节属于实施学习目标，7、8环节则属于检测反思学习目标达成。该模式的核心是学—展—点—练—测五步。需要提醒的是，五个步骤顺序可调整，可缩减，即自学会的不合学，合学会的不展示，步骤越少越好。

新授课变式1：1－2（3）－4（6）合作学习模式

1. 导入，出示学习目标。

2. 独学"学一退三"知识。

3. 对学"学一退三"知识。

4. 群学本节新学内容（合学）。

5. 展示。

6. 教师点拨（重点讲）。

7. 小结。

8. 课堂检测。

说明：此变式适合内容简单、学生能学会的内容。

新授课变式2：4（6）－2（3）－1翻转合作学习模式

1. 导入。

2. 出示学习目标。

3. 教师点拨重点，学生背诵记忆。

4. 围绕重点出题，进行思维训练的群学。

5. 同侧学生帮学。

6. 教师出题独学。

7. 小结。

8. 检测。

说明：若知识较难，学生自学有难度，可采用此变式。

课型 3　升级版思维素养课双生长课堂

1. 思维激发（导入）：提倡真实情景导入。

2. 思维导引：搭建脚手架；关注结论，更关注过程。

3. 思维表征：让学生选择适合自己的学习方式，不一刀切。学生选择适合自己的学习方法（可以独立做，可以两人讨论，可以多人讨论，可以问教师，可以问学生……）进行四维（概括思维、发散思维、批判思维、创新思维）探究。

4. 思维迁移："是什么"的习题少些，变式训练、理解应用习题多些。

5. 思维内化：构建知识树；让学生在教师的引导下自己总结。

课型 4　单元复习课

1. 让学生选择不同方法对单元知识进行梳理、归纳，把碎片化知识构建成系统知识网络。总结方法有：罗列法、比较法、列表法、知识树法、鱼骨图法等。步骤为：自我初步总结——观看、学习优秀学生的总结——修订、完善自己的总结——理解、消化、记忆总结中涉猎的知识点。（精学）

2. 师生、生生合作对本单元的题型、解题方法、思维类型进行规律加典型例题式总结。（精析）

3. 生生合作对典型例题（特指考查逆向思维、变式思维、综合思维的题）进行剖析，让学生分享易错点、易混点及积累好题。（精练）

4. 独立完成检测。（精测）

5. 习后反思。（精结）

说明：若复习课内容较多，可采取一课二上，第一课时完成1，

第二课时完成 2、3、4、5……

课型 5　三讲三纠一结总复习模式

该模式包含五个基本环节：

1. 教师出示精选的有代表性的试题（题组），让学生先独立做，教师巡视批改，发现易错点及创新解法。

2. 不是每题都探究，已经会的忽略，只研究易出错或有创新解法的题，可选学生系统讲解（展示），若时间不够，只述解题思路。

3. 部分习题这么复习后可能仍有学生不明白，因此对重点题要先让同桌对说思路方法，再让中等生复述，最后再订正。（二纠）

4. 所学（讲）题教师务必提前做一遍，对学生易错的题心中有个判断，同时准备好备份练习题，让学生进行同类题巩固。

5. 对这组题所涉及的知识点、思路、方法进行拓展提升。

6. 课后针对错题进行变式训练。（三纠）

课型 6　习题课

1. 个人对错题本上的错题进行二次慎思。

2. 小组围绕"知识点梳理，易错点、易混点辨析"进行合作学习。

3. 教师可围绕"题型盘点、思维方法小结"进行适当的点拨、拓展、提升。

4. 对子、师徒可围绕速度训练、准确度训练、题组能级训练互相出题检测。

课型 7　试卷讲评课

1. 运用图表对本次考试结果进行激励性评价，忌对考得不太好的学生讽刺挖苦。比如语文就可这样通报：总分前五名，男生前五名，女生前五名，进步最大前五名，作文前五名，阅读前五名，积累前五名，等等。

2. 学生个人自我订正，询问别人讨论订正。

3. 师生合作重点订正。可按错因、知识点、一题多变等组织，让若干优秀生同步展示错题解析，其余学生哪个题不会去听哪个题，即同步展示、流动分组。

4. 让学生对错题进行六步纠错。找出错因；规范订正；找一至两道同类题变式巩固；梳理本题涉及的知识点；思考此题还会怎么考。

5. 学生写考后分析：成绩评价，影响成绩的主要因素，改进措施。

课型 8　作文评讲课——二次作文

1. 自读老师修改后的文章，思考这样修改的原因，并能结合自己的看法就老师的评语写一段话。

2. 通过互相交流批改后的作文，小组内评出最佳题目、开头、结尾、细节描写等，并将成果展示出来供大家鉴赏。

3. 合作研究典型病例。

4. 对标优秀作文，对自己文章的结构、细节描写等方面的不足加以修改或补充。

课型 9　作文评讲课——评学一体化作文指导课

1. 出示并让学生学习中高考考纲对写作的要求及中高考作文评分标准。

2. 出示并让学生阅读三类作文范文各一篇。

3. 让学生对照评分标准划类打分,并从内容、结构、语言、书写等角度说出依据。

4. 对一类作文进行赏析,写出自己可借鉴的地方。

5. 研讨三类作文,提出修改意见,使其成为一类作文。

课型 10　语文读、说、写一体化课型

1. 读通,读懂,读出感悟

(1) 针对朗读难点,借助朗读符号,进行有效朗读指导。

(2) 围绕主干问题"课文写了什么?"与"课文是怎么写的?"引导学生进行探究。

2. 把自己的阅读积累、感悟,尤其是阅读对自己写作的启示说出来与同伴分享。

(1) 说自己积累的好词、好句、好段;(2) 说好在什么地方;(3) 举例说运用。

3. 将感悟出的写作方法运用到自己的习作中。

(1) 写作;(2) 分享。

4. 从"读、说、写"走向"写、说、读"的二次循环。

课型 11　高效早读课

高效早读分激情诵读(晨读)与记忆早读两部分。

激情诵读要求：立正站直，挺胸抬头；规范持晨读材料，整齐划一；大声朗读，声音洪亮；富有激情，始终如一。

记忆早读基本流程：

1. 明确早读目标，要求具体、可操作、可检测、分层；明确诵读记忆时间。

2. 学生选择适合自己的方式诵读记忆。可大声读，也可小声读，甚至默读；可坐着读，也可站着读，甚至选择位置读；可在室内读，也可在室外读；可自己读，也可对读、群读；可先读后写，也可边读边写；可借助关键词、逻辑关系等寻找规律读记，也可借助思维导图读记；等等。

3. 五分钟早读效果检测。选择自测、互测、抽测等形式检测。

4. 优秀生不能陪读。规定的早读目标完成后，及时启动个人早读目标。

5. 学困生诵读差的原因多是字词不认识不会读，为此，可以在大部分学生开始背诵时，把学困生单独集中在教室后面，帮助学困生先会读，然后再让其回到座位上去背诵、记忆。

早读要处理好三个关系：（1）早读内容与正课学习之间的关系；（2）有感情朗读与背诵、记忆知识点的关系；（3）共读内容与学生自选内容、查漏补缺的关系。

早读有三忌，一忌早读变成教师讲课；二忌早读变成班级事务处理课；三忌早读目标任务要求一刀切，内容缺乏整体规划、缺乏系统性。

早读有三应，一应让学生有个好心情；二应捎带着对学生进行生理晨检；三应让学生思考日计划。

课型 12　高效晚自习课

自习课上学生干什么？整理课堂笔记；对原先学过的、刚刚学过的进行反刍、梳理、归类；修补薄弱环节、学科；做作业；查阅资料，追本溯源，以达到融会贯通；预习即将学习的下一单元；当然也可读书、写日记等。

1. 分区上自习。将教室分为优秀生独立钻研自我提升区、中等生合作讨论消化区、学困生教师重点辅导区。同一内容，优秀生独立钻研会，即会学；中等生合作讨论会，即学会；学困生教师点拨会，即讲会。优秀生做拔高题，中等生做能力提升题，学困生做基础题，并且对他们在同一时间内完成数量有不同要求。

2. 1＋1×3自习法：前十名独立钻研或联合攻克；中间十名每人带三名学生组成习学小组，让中等生当小先生为本组三名学生讲题。教给别人听是最好的学习。

3. 1＋1偏科帮扶法：以学科为单位，好差结对，学困生可以随时请教，对偏科补救非常有效。

4. 坚持宿舍冥想。到宿舍洗漱好，躺在床上用十到十五分钟时间对当天所学内容过一下电影，让白天所学内容从临时贮存变成永久贮存，从浅层记忆变成深度记忆，回想不起来的内容，明天早上抓紧再温习一下。

另外，晚自习课类型不同，处理侧重点也不同：

1. 学科自习课。所谓"学科自习"，就是在某节自习课上只许做规定科目、规定范围的题目。薄弱学科必须安排学科自习课，学科自习课归该学科所有，教师可以辅导学习，但不准讲课或变相讲课；作业必须控制在二十分钟内完成，后二十分钟为预习时间。

2. 公共自习课。公共自习课是留给学生自由支配的时间，主要用来整理笔记、改错和探究难题。这种分配方式有效解决了各学科自习时间分配的难题，又有效地刺激了学生自习的效率。公共自习课除班主任外其他教师一律不准进教室，教师不准以讲课、发习题、放投影等形式变相占用这段时间。

3. 合作自习课。学生自由讨论时间，旨在求教别人或自发结成小组讨论解决疑难问题。

19　学情备课的九大方法

一、学一退三法

以"异分母分数加法"一课为例——

学习内容：把学习内容转化为不同层次的问题，即知识问题化、问题层次化、学习探究化。（学什么）

通过 2/3＋1/5 思考如何计算异分母分数加法（问题）。

学习方法：把传统课堂教师要讲的内容设计成问题让学生解答或提供学习方法。（怎么学）

思考：10/15＋3/15 与 2/3＋1/5 有什么区别？如何将异分母转化为同分母？做题思路是什么？（先转化再按同分母计算）

旧知识链接：退一，同分母分数计算法则；退二，分数基本性质、通分；退三，最小公倍数。（不会怎么办——学一退三：以习题形式呈现）

"异分母分数加法"这节课就可以这样设计：

（自学）找最小公倍数：2 与 3 的最小公倍数是＿＿＿＿；3 与 6 的最小公倍数是＿＿＿＿；2、3、5 的最小公倍数是＿＿＿＿。

（对学）通分：1/2＋1/4＝？　2/3＋1/5＝？　1/2＋2/3＋1/5＝？同分母计算：1/4＋3/4＝？　10/15＋2/15＝？　1/6＋2/6＋3/6＝？

在此基础上再群学例题 2/3＋1/5＝？

教师点拨：一变（同分母），二算（按同分母计算），三化简（得数化成最简分数）。

小结：学异分母加法，先要会同分母加法，还要熟练运用通分、分数性质，会通分必须会找最小公倍数，即学一退三到找最小公倍数。

二、举三返一法

环节一：举一个顺着想的正向思维题，让学生解答展示。

环节二：举一个倒着想的逆向思维题，让学生解答展示。

环节三：举一个如"甲比乙多二分之一米"与"甲比乙多二分之一"的易混思维题，让学生解答展示。

环节四：举一个涉及列综合算式的多步应用题，让学生解答展示。

环节五：从思维角度让学生归纳题型及解题思路。

三、表征加猜想法

表征是指对例题中的条件进行下列重点解读：（1）复杂句子缩句；（2）同义句转换；（3）推理；（4）解释；（5）隐藏等量关系；（6）隐藏条件；（7）联想。概括来说，就是筛选、提取、重组信息，并对信息进行关联、加工、建构。猜想不是瞎猜，而是围绕所给条件猜想下面会问哪些问题或后面会给什么条件。

这样借助表征＋猜想实现了一题（条）多思，一题（条）多问，一题多变，多题归一。同时，借助表征＋猜想还实现了对每条信息、每个题多元思维。

四、多元表征法

1. 对几何概念、定理等的抽象图形要进行全面表征，如理解三角形的高时，不要习惯性画一个锐角三角形的高，而要把锐角、直角、钝角三角形的高都画出来，以利于学生把握概念、定理等的本质。

2. 将概念、定理等的抽象图形放到实际例子中再认识，如平行线放到梯形、平行四边形中去表征。

五、核心环节强化训练法

找到核心环节，强化训练，重点突破。

比如学习去分母解一元一次方程，就把各种去分母题型全部呈现，只重点讲去分母这一步，而不是平均用力。又比如学习解一元一次不等式组，只重点突破如何求不等式组这一核心环节。

六、题组训练法

例如"平方差公式"一课。

题组训练：用平方差公式分解因式，$a^2-b^2=(a+b)(a-b)$。

形象记忆：首尾和，首尾差，中间放个大"×"。

题组设计：

① $m^2-n^2=$

② $(2x)^2-(3y)^2=$

③ $4a^2-9b^2=$

④ $8a^2b-18b^3=$

⑤ $(m+2n)^2-(2m-n)^2=$

⑥ $[2(m+2n)]^2-[3(2m-n)]^2=$

⑦ $4(x+y)^2 - 9(2x-y)^2 =$

⑧ $8m(m+2n)^2 - 18m(2m-n)^2 =$

学习绝对值的题组设计:

(1) 求一个正数、负数、零的绝对值。

(2) 求一个运算式子的绝对值。

(3) 求一个和的绝对值及绝对值的和。

(4) 求一个字母的绝对值。

(5) 求 $2m$ 的绝对值。

(6) 求一个代数式 $2a-b$ 的绝对值。

(7) 依据数轴上的字母所在位置化简有绝对值的式子。

(8) 利用平方、绝对值是非负数,给一个平方式子加上一个绝对值等于 0 的条件,求代数式的值。

七、分总训练法

例如一般现在时的语法学习。

训练点:(1) 动词构成法则训练;(2) 第三人称单数训练;(3) 助动词 do \ does 选择训练;(4) am \ is \ are 选择训练;(5) 匹配时间状语训练;(6) 正向句型变换训练;(7) 逆向句型变换训练;(8) 两个条件推第三个条件匹配训练;(9) 多时态综合训练。

八、建模思维法:演绎法与归纳法

演绎法:先讲规律,再运用。归纳法:通过多个例子分析,总结规律。

比如,政治为什么(原因)类问题,知识点一般以"为什么说""为什么要""高度重视××原因"等形式呈现。思维技巧:为什么=

必要性＋重要性＋意义（有利于，政治、经济、文化、法律、生态意义等）。"必要性"：存在××问题。"重要性"：事关××利益，关系我国……（政治、经济、社会）。"意义"：有利于①维护××合法权益；②体现××国策、战略、方略、宗旨、思想、发展观；③稳定和谐，公平正义。

九、母题裂变法

1. 出示母题，探究解法。
2. 改变条件，解决问题（一题多变）。
3. 条件不变，改变所求问题（一题多问）。
4. 给同一个式子，单元整体创编习题（多题归一）。

20　升级你的听评课、说课运行版本

笔者认为陈大伟、崔允漷、陈静静三位专家及中国教师报对我国基层学校听评课的定位、深层次推进等做出了重大贡献，他们对教师听评课版本的迭代升级起到了引领作用。

作为一位基层研究者，笔者对听评课、说课运行版本是怎么迭代升级的进行了粗线条梳理，以期对一线教师有所启迪。

一、从听评课类型重心转向看

重视备课组、教研组的公开课、示范课、汇报课。

对老师有点不尊重地听所谓推门课或抽签听课。

开始重视听新理念尝试课、主题探究课、新课型研讨课。

提前打招呼，让教师邀请领导听课。

鼓励教师邀请好朋友来听课。

帮助教师录制一节常态课，让教师课后复盘，即自我观课。

引导跨学科观课，跨校观课。

从固定听课到巡课，也尝试上下水课。

一般都是观课在先，议课在后，能否翻转，变为议课在先、观课在后呢？

二、从指标设计、工具量表、观察视角看

照搬别校或上级教研机构公共通用的万能评课表。

对该表指标、权重依据阶段做局部动态性调整。

评什么重视什么的课改推进评价表。

基本素养公共要求＋学科特点要求＋课改元素的个性化的学科评价表。

从重点看教师"表演"的听课走向多维度、多方位、多功能使用工具的全面观课。

从凭经验定性的中医式观课走向有特意观察点、有分工、有量表的西医式数据分析定量观课。

焦点学生完整学习历程课堂观察。

既观教又察学（学情观案）的双量表观课。

三、从听评课目标定位视角看

评判、鉴别，评课只反馈观点结论，不陈述依据理由。

研究、量化，打分评判，开始有理有据评课。

诊断、改进，发现更多可能，以课为例，从评课走向议课。

借助视频、量表进行切片式分析议课。

学情观察，做上课教师的第三只眼，反馈学情，分享各自感受，对课不做评判。

站在任课教师视角，为了促其专业发展，在观教察学基础上，在其最近发展区内，提供多种选择方案，供任课教师自主选择，体现"观课的背后是尊重，议课的愿景是幸福"。

邀请朋友观课，观课后进行非官方的自组织性质的闺蜜式的私

聊，这最真诚、最走心。

四、从观课议课人员的性质及角色扮演等来看

领导是权威，一锤定性。

作课者犹如新媳妇，任由评课者评头论足。

教师之间只说优点，回避缺点或不足，即当哑巴多，发言少，讲优点多，说缺点少，重复别人观点多，讲出新意少。

尝试3+1改进议课，十人以下人人发言，讲一个优点，说三个缺点、不足或要改进的地方。

走一段后，发现议课呈现"萝卜炖萝卜煮成一锅大萝卜"的低层无用状态，于是便邀请专家参与议课，起到引领作用。

先自我反思——谈自己的设计意图、上课体会与感悟，然后同伴之间3+1议课，最后专家引领。

为了提升议课发言质量，避免无准备低水平即兴发言，前面又加了让听课教师回顾观课记录、撰写发言提纲环节（第一次反思），同时在议课结束后，要求教师针对触动自己的某一点写一个二次反思。

不做评判，只反馈学情，地位平等地自由分享感受。

邀请学生参与观评课，倾听学生的声音。

对教师及学生分开反馈学情。

尝试借助微信群进行观课、议课，尝试类似足球解说员的讲解式方式观课议课。

五、关于说课

说课标、说教材、说学情、说目标、说教法、说流程、说作业等的课前预设说课。

变课前说课为课后说课,重在说反思,说改进。

独创全程说课,分课前、课中、课后三段说课,邀请优秀教师,从课前如何备课,教案一稿、二稿、定稿怎么演变,到课中教案预设依据学情变化怎么调整,课堂偶发事件怎样处理,再到上课后的体验与感悟,下次上会怎么调整,课堂上学生存在的问题如何补救,等等,全视角全流程说课。

让教师看名师公开课实录或公开课录像,并提炼出课堂流程或模块,并说说依据。

让教师针对某一节先说说自己的学程设计,再观摩名师课,提炼总结出名师的学程设计,并说说自己可借鉴的地方及理由。

21　抓好观课议课最开始一公里

1. 从教师中征集问题，把问题变成系列研究主题，避免教研随机化、碎片化。

2. 为听课教师提前呈现课例导读：教材版本、单元概述、教材内容概述；该类教材教学现状及存在的问题；执教教师研究取向，欲解决的问题、创新点。提前印发执教教师的教学设计。

3. 出示观课信息卡（也称观课名片），信息卡中涵盖以下内容：

（1）执教教师的教龄、职称，信奉的教育哲学，践行的教育理念，实施的课堂模式，课型实验时间。

（2）执教班级在年级的学业状况、学习风格、文化氛围、班改策略。

（3）本节课的观摩目的、侧重点。

（4）温馨提示：观摩课的适用群体；该课型运行的条件、禁忌；该课型可能的副作用。

4. 启用学科评价表，确立观教察学分工。

（1）设立小组学情观察员、教师主干问题解答记录员等。

（2）变通用的公共学科评价量表为突出学科特点的学科评价表。

5. 要求教师用好观课日志。

（1）观课角度的选择。是观察学生、观察教师，还是同时观察；

是单项观察还是综合观察……根据自己的实际需要确定观课的重点。

（2）课堂纪要：教学流程，教学典型环节，片段、细节的记录，关键环节的点评，等等。

（3）观课心得：上课教师是怎样处理的，自己的看法、建议或者对自己的教学有什么启发。

（4）对执教人的评价：用事实说话，用理论概括。

这样做的好处有：让与会者能更好地选择适合自己学习的课，在了解背景的前提下更好地观课、察学，慎重选择是否移植、推广。

22 这样观课议课让教研深度发生

郑州陈中实验学校教科室重点对成都大学教育科学学院陈大伟教授倡导的观课议课、华东师范大学崔允漷团队研发的课堂观察与诊断、上海市浦东教育发展研究院陈静静博士推广的焦点学生学情观察制等有影响力的听评课理念进行了梳理、研究，并在此基础上进行了融合，特提出了个性化的观教察学双观课，议课、议学、议文化及直接反馈学情的三议一反馈的议课，这些观课议课举措的实践、运用，确保了教研的深度发生。现将其做法分享如下：

一、观教察学双观课

（一）观教察学量表及辅助量表设计

1. 观教察学量表（附表1）。

2. 辅助量表：①学科评价表（附表2、3、4）②焦点学生学情观察表（附表5）③教师课堂走动、提问动态记录表（附表16）。

（二）观教察学量表核心要点解读

1. 预设观课目标、观察角度选择

观课目标：教材处理、教学流程（学程设计）、合作学习策略运用、课堂模式、主干问题设计与问题系统构建与实施、目标达成等。可重点选择自己感兴趣的模块，重点观察记录。

观察角度：包括重点观察教师和重点观察学生，其中学生又可分为组长、优秀生、中等生、学困生。

2. 记录的四大维度

（1）教学目标及教学流程设计

看教师目标陈述的是教学目标、学习目标还是学养目标。

归纳概括出该教师的教学流程或实施课堂模式的基本环节、步骤。

（2）典型环节、细节、事例

对自己感兴趣的、认为有研讨价值的典型环节、细节、事例进行重点记录、录音（像）、拍照。

（3）学情观察、课堂文化观察、目标达成度检测

学情观察：观察焦点学生学习历程，记录关键事件，可从时间、姿态、表情推断学习进程。

课堂文化观察：对民主、平等、安全、容错、责任等课堂新文化是否落地进行评估。

目标达成度检测：可依据学生学习单填写或出题检测本组学生目标达成度。

（4）关键环节点评及现场观课灵感

对深受触动的环节及时点评；把观课时稍纵即逝的思维火花、灵感及时记录下来。

3. 课件制作及呈现、学科基本功

对授课教师课件制作水平、电子白板使用情况、教师学科基本功给予评价。

4. 观课心得、对本节课的评价

观课心得：填写观课后的收获。

对本节课的评价：对本节课优缺点做出恰当评价。

二、三议一反馈：议课、议学、议文化、直接反馈学情

设立议课主持人，主持议课。

（1）到会议室后，观课教师先整理观课记录，撰写议课发言提纲（第一次反思）。——从原来的即兴发言，到现在有准备的发言。

（2）学情观察员汇报学情观察、课堂文化观察及学习目标达成反馈。汇报学情时只讲述事件、事实，阐明自己的发现，如没有机会展示的小组精彩观点，当然也可反思自己的课堂是否存在类似现象。

（3）自我反思——执教教师谈体会，围绕设计理念、成功地方、遗憾地方及改进策略谈。

（4）学伴互助——听课教师3+1议课；学生代表议课。

（5）专家引领——归纳、提升。概括达成的共识，罗列有争议的观点；对现象进行理论解读；指明下阶段的研究方向、重点、策略等。

（6）二次反思，二次上课。

此外，还包括：

1. 向学生反馈及学法培训。

学情观察员把学情汇总后，派代表及时到班里向学生反馈，并就薄弱环节进行专题指导。

2. 教师后续学习资源链接。可向教师推荐课后深度学习的书目、资料。

三、我们重点改变了什么

平常观课多注重观察教师的目标设置、情景导入、教程设计、教材处理、作业安排等，多关注怎么"教"，忽视了学情观察，为此我们专设了学习共同体倡导的学情观察员。学情观察员可坐在小组旁边，详细观察组长、学生的表现，在议课时可呈现小组没机会展示的精彩答案，可呈现重点关注学生的微表情、举止等原生态真实学习样态，只呈现事实，不评价，但可反思自己的课堂有无类似情况。学情观察员也可汇报学习效果，比如作业单、目标达成情况等。

关于议课，由于平时多谈论教学设计改变，多考虑对教师反馈，教师如何改变、改革，而忽视了学情反馈、学的改变，为此我们议课时邀请了组长、学生代表参加，旨在听听学生的真实想法及对本节课的建议，即议课时课堂主角学生不缺席。

更重要的是加上了向学生直接反馈学情这个核心环节。学情观察员把学情汇总后，派代表及时到班里反馈，并就薄弱环节进行专题指导。

多角度分工协作观教察学、议课、议学、议文化及直接反馈学情的三议一反馈的议课，让学生也成为议课参与者。这些举措实现了让观课议课增值，让教研深度发生。

23 推荐一份学科常态课评价表

设计背景：对传统评课标准进行反思

1. 许多学校的评课标准是通用的，无论文理什么学科都用一个评课标准，缺少学科、级段区分。

2. 新教师、老教师、骨干教师评课标准一刀切，缺少分类达标要求。

3. 评课标准缺少动态性，没有考虑学校教改的时段性、侧重点。

4. 评课标准要么过于传统，要么过于新潮，传承与创新度把握不好，缺少兼容性、适切性。

设计理念：三维动态评价标准创意

1. 评课标准传承与创新，彰显学科特点

（1）对传统课堂优秀元素的传承，占比 20%。

（2）对学科特点的彰显，占比 40%。

（3）对课改理念的践行，占比 40%。

2. 指标、权重、层次、方案动态性

动态性体现在指标的动态性、权重的动态性、考核层次的动态性及方案本身的动态性四个方面。具体讲，考核指标不面面俱到，根据本校课堂教学的薄弱环节及其"教师最近发展区"确定几项重点指标，同时加大管理者倡导的、教师经过努力方能达到的指标所占的权重，体现方案的导向性。教师都能达到的指标，下次就可以舍去，大部分能达到的就可以降低权重；如果没设的指标或者权重过低的指标教师"忽视"了、"淡化"了，下次就可以添上或者加大权重。如此通过这种螺旋式递进的动态考评策略，就可以引导教师克服惰性、向高层次发展。

3. 对新手、称职、骨干教师的评课指标及要求不同，就是对同一层级教师的要求也区分为底线、提倡、弘扬三个层级。

评价方案设计：封丘实新学校常态课评价表

一、各学科公共要求（基准 20 分）

1. 手举过头顶板书，侧身讲解，讲解时左右交叉站立。

2. 在课堂黄金学习期讲新课，处理重难点，做到三不要：不要先处理班级事务，不要订正上次作业时间过长，不要导入时间过长。

3. 讲到重点时要有引起学生有意注意的提示语，语速放慢，语调变化（升高）。

4. 边讲解边板书，边用肢体语言助讲。

5. 自学、合作讨论环节必须让学生明确任务（低年级有必要抽学生重复教师指令）后再开始。

6. 在学生自学、讨论、练习环节要在学生中间有目的地走动，了解学情，及时反馈。

二、学科指标（基准 40 分）

语文学科指标：

1. 执行语文学科师生候课要求。

2. 讲课脱稿，学生回答问题脱稿。

3. 围绕"课文写了什么、课文是怎么写的"双重问题设计，设计学生需深度思考才能回答的问题，鼓励学生提问题。

4. 落实提问的两个黄金等待期。

5. 落实提问时学生卡壳的三个视角引导，借此突破思维瓶颈。

6. 读写时优秀生不陪学，比如：只要教师没喊停，课文能读几遍读几遍；生字组词时优秀生可一字三词；等等。

7. 注意阅读图式、答题建模。

8. 加强重点句段朗读指导，坚持节节微点写作训练。

数学学科指标：

1. 执行数学学科师生候课要求。

2. 落实提问的两个黄金等待期和学习期要求。

3. 一题要采取双视角讲——讲思路、讲步骤。

4. 选题要遵循"四例四维"。

5. 同等时间优秀生做两题、学困生做一题再讨论，让优秀生不陪学。

6. 概念公式的学习采取对子六步互学法，让学生对知识深加工，加深理解建构。

7. 重视学科阅读，尤其是数学信息阅读、建模。

8. 引导学生进行知识、思维方法的双角度总结。

英语学科指标：

1. 执行英语学科师生候课要求。

2. 推荐给学生每个单词相对最佳的记忆方法。

3. 对重点内容启动"三讲三纠一点"教学。

4. 重视对子在互读、互说、互写、小组跨组检测的优势。

5. 重点句型分解成考点讲解训练。

6. 关注重点词组、句型的背默。

7. 关注学生记英语笔记。

三、课改指标（基准 40 分）

1. 教学目标转化为学习目标，关注素养目标。

2. 语数英可选择四个适合本学科合作学习的小策略加以应用。

3. 放大对学的作用，放大展示后反馈的作用。

4. 关注倾听表达技能训练，质疑补充要注意与前者的关联，借助追问促进拓展问题生成。

5. 教师板书、学生小结提倡用思维导图。

6. 倡导将六顶思考帽这种平行思维植入合学展示环节。

7. 课堂达标检测环节不能少。

8. 反思和应用推理之梯，改善思维、沟通的效果。

24　课堂秩序混乱成因分析及对策

三分教，七分管，课堂秩序好坏是影响教学质量的关键因子。课堂秩序井然成因大致相同，但课堂秩序混乱、失控却各有各的成因，据笔者调研、分析，课堂秩序混乱主要成因至少有十八种，真可谓一果多因。

成因1：没有起立环节，或不严肃、不到位。

对策：课堂起立不是可有可无的环节，是课堂教学有序进行的重要保障。若有学生忙着拿东西、小声说话或没站好，教师要用目光提醒，待全体学生站好后再还礼让学生坐下。

成因2：学生在辅导班提前学过或已经学会没事干。

对策：叮嘱家长对所学内容不要抢跑，抢跑弊大于利；可让已学会的学生当小老师；可分层设计问题、分层布置作业，一定要让学会的学生有事干。

成因3：基础知识欠账太多，与教材要求的起点差距太大，想听也听不懂，因听不懂坐不住而捣乱。

对策：可采取"学一退三"方式，让学生先补上以前欠缺的知识，从其最近发展区学起。也可变课后补课为课前补课，即在课前教师就明天要学的内容辅导一下学困生，第二天上新课时他能听懂，自然就想听，进而能学会。也可给学困生配一个优秀同桌，以便遇到不会的问题及时请教。

成因 4：举手移动凳子发出声响；发出"叫我、叫我！"的喊声；判断、选择题齐问齐答；有些学生故意拖腔或慢半拍。

对策：想让教师叫自己发言可把手高举，但不能发出声音；杜绝群问群答，判断、选择题可用手势来作答。

成因 5：班额过大、教师声音过小，导致后排学生听不清；学生还没有养成倾听习惯。

对策：声音适中，保证后排学生能听清楚；训练、培养学生积极倾听的习惯。

成因 6：教师板书潦草或字迹模糊或字太小，后排学生看不明白或看不清。挂图、课件也存在类似问题。

对策：从手举过头顶处开始板书，防止板书太靠黑板下方，因遮挡后排看不到；规范书写，字大小适中。

成因 7：课桌上与本节课无关的用具、材料，课上分发的小奖品等诱惑学生走神、小说小动。

策略：要求学生桌上不准放与本节课学习无关的东西，奖品课后发或放到一定地方。

成因 8：教师发出的教学指令不清晰或有歧义。

策略：教师发出的任何一个教学指令必须完整、明了，并追问或让学生重复指令，确保学生明晰指令后再执行。

成因 9：课前准备不充分，比如电子白板课前没试，用时打不开，又比如做实验忘带器材，让学生等很久。

策略：课前候课，提前打开电子白板，调试音响设备，查看实验器材。

成因 10：教师板书或做实验时，下面有人随意说话或走动，教师因看走眼批评错了学生，该生反驳。

对策：这属于误解导致混乱，这种情况下尽量确定违纪学生后再批评，否则与教师顶嘴、反驳的现象定会发生。

成因11：拖堂，导致学生走神、不在状态。

策略：拖堂摧残学生的身体，是对下节课教师和学生的不尊重，要避免。准确把握时间，及时收尾，绝不拖堂。

成因12：教师性格软弱，学生早已知道违纪处罚底牌，教师"黔驴技穷"。

策略：没有惩罚的教育是不完整的教育。惩罚是相关教育法规赋予教师的一项重要权利。具体包含什么呢？笔者认为从低到高、从轻到重依次为：瞪（眼睛盯着学生看）、用手指违纪学生、用简洁语言批评违纪学生、罚站（座位旁）、罚站到教室前面或后面（不允许罚站到教室外，一是违纪学生不在自己视线内，二是耽误学生听课）、课后告知班主任、送政教处、请家长到校协助。

处理学生违纪行为的原则：一定要用最小代价换取最大效益。即瞪一眼能解决就不用手指，手指一下能解决就不要说话，说一句能解决就不说两句，说能解决就不罚站，罚站能解决就不送校方处理。微违纪，不处理；小违纪，小处理；大违纪，大处理。千万不要"高射炮打蚊子——大材小用"，否则，遇到学生严重违纪，你就束手无策，黔驴技穷。

成因13：课堂教学形式单一，学生厌倦、感觉无趣；课堂形式变换过于频繁，学生手忙脚乱，顾东不顾西。

策略：课堂教学要动静搭配，要有张有弛，要有节奏韵律。

成因14：误解新课堂让学生动起来的本意，学生满堂乱、满堂跑。

策略：身动是形式，本质是心动、脑动。

成因15：落实不了的说得太多，批评学生严重超时，班上第一例违纪没处理到位。

策略：防止超限效应、破窗效应发生。

成因16：合作讨论时，优秀生霸占话语权；分工不明确，学困生无所事事；小说小动无人监控、提醒。

策略：可采用六顶思考帽角色饰演法进行合作学习，轮流充当不同角色，小组要有违纪提醒员。

成因17：学生自由散漫，班风差。

策略：该班所有任课教师形成合力，齐抓共管。

成因18：上课形神呆板，声音没有一点节奏感，一讲到底，学生感觉无趣。

策略：常变常新，用学科魅力、授课艺术吸引、征服学生。

总之，课堂秩序混乱，成因错综复杂，同一病症可能有多种病因，若药方疗效不明显，要及时调换。

作业考试篇

25 新学期，学生作业新认知、新实践问答八则

一问：为什么要让学生做作业？或做作业有什么好处？

结合专家论述，做作业有六大好处：巩固课堂知识与技能；强化学习的责任心和坚持性；培养学习兴趣和学习自信；提高元认知能力；增强解决问题的能力和创新实践能力；锻炼自主管理实践能力。切记：巩固课堂知识与技能，提升学生的学业成绩，仅是作业的功能之一。

二问：做作业可挖掘出哪些潜在的隐性作业文化？

做作业的过程一定伴随着与之匹配的文化，比如规则文化、交往文化、作品文化、展示与分享文化、创造文化、成长文化，从中能看出学生的态度、习惯、品行、心智倾向等。

三问：为什么要大力提倡从作业布置走向作业设计与研究？

当前一些教师设计作业的能力在退化，照搬市场上的练习册已成常态，造成"狂轰滥炸型"的题海战术满天飞，再加上学生成绩与教师排名和绩效挂钩，为了与其他学科教师争夺学生课余时间，各科教师竞相留超量作业并层层加码，导致学生作业负担过重。

要求教师进行作业设计与研究，可以倒逼教师研究课标，分析布鲁姆的知识双向细目标，研究核心素养背景下命题新认知、新走向，助推教师专业成长。同时，借助作业设计，能实现作业的少而精，对教材练习或习题进行二次开发、调整、补充，改"狂轰滥炸型"作业为"精确打击型"作业。

四问：一线教师如何切入作业设计与研究，重点是什么？

有专家认为教师在设计作业前首先要明确：你设计该作业的意图是什么？达成这个目标所需要的有效条件有哪些？

具体而言，作业设计与研究重点如下：研究作业目标与教学目标的匹配度；研究通过哪些题目或题组，来达到巩固某个知识点、形成某方面技能、发展某方面能力与思维的目的；精细分析拟布置的每个题目，明确题目所含的知识点、能力点、解题思路与方法、学生可能遇到的困难，以及该题目的训练价值与适用对象。

教师要对作业进行任务、设计意图分析，内容指向、类型陈述说明，评价指标达成度反馈。

作业设计完成后教师还要思考：设计意图是否明确？作业是否有效？作业的难易度如何？

五问：核心素养背景下，对命题、选题有什么新要求？

福建师范大学教师教育学院院长余文森先生的观点是：立意的方向性和层次性，情境的真实性和学科性，设问的思维性和开放性，是命题走向核心素养的三个基本要求。借鉴专家意见，在学业评价、试题编制方面，可以根据（跨）学科素养描述不同等级水平，然后根据等级水平设计不同类型的试题：一是体现真实生活情境的创意与结构化设计，二是涵盖系列推理链，三是形式多样化，体现不同能力的多重组合。

课堂练习题要精选，靠记忆、死知识解答的题要少，增加知识创新运用、需要建模、解决实际问题的题目，要依据课堂现状，动态生成，即练习一定要有针对性、应用性、创新性。

六问：做作业的基本流程是什么？对学科作业有哪些个性化要求？

1. 做作业遵循复习——规范作答——检查流程，限时完成。

复习阶段：比如语文、英语先整理复习课堂笔记，再记生字、单词；数学先看例题，后记概念、公式。

做题阶段：不准翻书，规范作答，实在不会再翻书查阅资料、问同学、看优秀生作业，但必须在问明白、看懂后用铅笔或红笔书写，第二天再温习、做一遍或接受小组长抽查。

检查：教给学生检查作业的方法。比如数学学科，遮住答案再算一遍；演算纸分区书写，借助演算纸检查；逆运算检查（验算）；代入法检查；做题时拿不准的标上记号，重点检查；生活常识检查法；等等。

限时：每次作业必须注明完成时间，即本次作业限时多少分钟完成。每次作业教师先做，一年级教师做作业时间乘以2、二年级乘以1.8、三四年级乘以1.5、五六年级乘以1.2，再加上预留的检查时间，就是学生完成作业的时间。

2. 对学科作业提出个性化要求。

比如——

英语：判断、选择题必须注明理由；单词、词组相关题不准翻书。

数学：规范使用演算纸。

语文：作文写完后自己先读一遍，改标点、错别字、病句；作文评委小组再读一遍，用红笔指出不足并签名。

政史地生等文科作业尽量不看书本独立完成。

3. 增加作业附加部分

本次作业用时_____分钟；我采用_____检查方法；我敢确定_____一定对，_____不敢确定。

4. 对练习册的新要求

（1）双笔，双质检，一考试

双笔：不翻书、独立会做的用蓝笔写；翻书、问别人、看别人作业才懂的用红笔写。具体来说：首先要独立完成作业，能做多少算多少，不会的先空着；允许通过翻书、查看笔记、参考研究他人作业的方式把不会的题补做出来，但是必须用红笔标记好，以提醒自己这个问题需要区别对待，日后多加复习。

双质检：每个小组都有一个作业质检员，第二天挨个检查本组成员用红笔标注的题是否已经掌握，确保人人过关，此为第一次质检；每周五质检员要对本周五次作业进行随机抽检，抽检结果上墙，纳入考核，此为第二次质检。

一考试：每两个大周用作业、练习册上的原题去考学生一次。

（2）语文英语字词订正要求：一订正二放大三巩固。一订正指的是在写错的字词旁边用红笔规范订正，一定要保留错误痕迹，尤其是小学低年级不准用橡皮把错字词擦掉。二放大指的是在本页练习册顶部或底部把错字词更正三遍，引起注意。三巩固指的是练习册上写错的字词要在订正本上再更正三遍。

七问：作业批改形式上有哪些创新做法

1. 可以在作业评语上做文章

激励性评语："你的作业颇有创意，为你点赞。""你的作业干净整洁，像你这个人一样漂亮。"

期待性评语："老师相信，通过努力你一定会成为一个很棒的学生。""你是一个很聪明的孩子，如果书写再认真点就更好了。""今天的作业比前几天有进步，如果你上课能专心听讲，你作业的正确率肯定会更高。""相信你能自己发现题中的错误，不信找找看。""把你的做法和其他同学交流一下，看看有什么收获。"

商榷性评语："是不是还可以尝试另外一种解法？""改变一下思路，这样做是不是更好？""仔细观察，能否自己发现错在哪里？我相信，你能行。"

2. 可以尝试作业批改符号创新

比如：用"·"指出学生理解不到位的地方；用"～"加"？"来表示学生的失误；等等。

在批改学生作业时，用"｜"（期待线）替代"×"，学生纠正错误后，再把"｜"变为"√"。

在眉批或总评时可引入 QQ 或微信表情，用简笔画呈现，如此教师心情跃然纸上，引发学生共鸣。

3. 采用三维作业批改法

第一维度——对基础知识和基本技能掌握情况的评价。在中高年级尝试用画"正"字的方法，变等级符号为统计符号，对学生知识技能掌握情况进行统计评价。也就是说，全对的作业记"正"，有错的作业根据情况少记笔画；当学生把错题订正后，可以把缺少的笔画补上。

第二维度——对学生的思考过程、解题策略的评价。根据学生习题解答的过程，对学生的解题策略、思维能力进行评价，可在"正"字的右上角，用"☆""△"来反映学生解题思维的灵活性、创新性。"△"表示思维有创意，但没有完全做对，或方法正确但不简便；"☆"表示思维方法独特，有创意。

第三维度——对学生对待作业的态度的评价。常见的较差态度有：字迹潦草，作业不规范；贪玩，作业拖拉；偷懒，应付了事，少写作业步骤；等等。因此，还要从书写情况、所用时间以及专心程度等方面衡量学生对待作业的态度认真与否。比如：在"正"字的左边用"↑"表示作业书写工整，格式符合要求。

4. 二次记分

二次记分的做法是：先由教师对学生的试卷、练习、作业等打一个基本成绩，并配以切中要害、恰如其分的评语；然后将作业发还给学生，要求他们对照评语，深刻反思，认真订正，订正正确，便追加成绩，否则不给分。

事实表明，这种方法一方面能有效地调动学生及时订正作业的积极性；另一方面，还能使学生逐渐养成仔细检查作业、自觉优化作业思路等良好习惯。

5. 累积式作业评价

翻阅小学生的作业本，可以发现多数刚开始书写很规范，后来越写越差，到最后几页简直不成样。怎样解决这个问题？可以采取累积式作业评价。

累积式作业评价是依据小学生年龄及心理特点，采取在小学生作业首页加盖小红花、五角星、小红旗、小奖杯等印章措施，使之组成日、周、月、期连环评价。

具体操作方法是:对优秀学生作业,每天可以加盖一朵小红花,即日评价;教师可以依据班级实际,规定每周获得多少朵小红花可以加盖一颗小五角星,即周评价;每周获得的小五角星达到一定数量可以加盖一面小红旗,即月评价;每月获得的小红旗达到一定数量加盖一枚小奖杯,即期评价。更为可喜的是,有的教师还对学生周、月作业进行比较,加盖保持奖、进步奖印章;有的还对日、周、月作业有创新的,加盖创新奖印章。

另外,笔者发现教师在学生作业首页粘贴小学生十分喜爱的系列卡通人物画作为奖励,也深受学生欢迎。

6. 作业再生。在批改作业的过程中,发现错误并不直接修改,而是通过符号、提示、质疑、重做、还原、强化、借鉴、另解、引申等,暗示错误或错误的性质,或给出探索方向,由学生自己动脑动手,找到正确的答案,总结解题规律和解决新的问题。

八问:对教师作业设计批改情况如何考评?

除了传统的考核指标外,重点强化作业形式创新及作业效果达成度这两项指标所占比重。

推荐抽考作业原题检查法。检查作业的目的是评判学生掌握情况和书写习惯养成。因此可依比例抽取优中差学生参加作业原题考试,设置一定书写分,成绩好的作业设计批改效果好。

26 新学期强化作业管理的六条策略

变"狂轰滥炸型"作业为"精确打击型"作业的首要前提是要求教师从作业布置走向作业设计,强化作业研究、作业管理。

围绕作业管理、设计,笔者先后与教导主任、备课组组长、优秀教师进行了详细沟通、交流,与优秀学生进行了座谈,在此基础上又对整体成绩优异的学校、学科教师的经验进行了理性归因,最终得出了以下六条实践性智慧。

一、作业设计纳入教学管理,实行层层备案审核制

课堂练习题:要求教案上注明与学习目标是如何匹配、照应的。

课外练习、周末作业:要注明你选择或设计的作业从哪些题筛选或改编的,完成所需时间,基础类、能力类、拓展类所占比例,设计意图及分层要求等,报备课组审批。

征订试卷、组织考试:教研组组长、教导处先对试题质量、编写理由进行审核,通过后,方可执行。

充分利用大数据,对上届学生单元学习易错易混试题统计分析,教导处提前预警,备课组思考、探讨破解策略。

二、加强做作业全流程监控

监控点包括:

1. 规范书写,限时完成作业。

2. 正确使用演算纸,会借助演算纸快速检查。

3. 采取"六步、二讲、一归类"错题订正方案。

4. 独立完成,若实在不会,要先思考找准困惑症结所在再问老师、同学。

5. 做到自律。

(1) 不计时不做:限时完成,并记录完成时间。

(2) 不复习不做:先复习所学的内容,然后做作业。

(3) 不检查不交:作业做完后必须检查一遍再上交。

(5) 不小结不算作业完成:写完作业后,问问自己学会了什么,得到了什么,有什么体会。

三、让做作业过程增值

1. 提倡一题多解。

2. 学会品题,赏析命题妙在何处。

3. 罗列易错易混题涉及的知识点,解题思路、方法、思想。

4. 学会模块表征,快速建模。

5. 尝试一题多变,探究规律。

6. 翻转思考,从答案中提炼总结出答题基本模板。

四、优秀生选择或创编试题

月考、期中考试前,每班每科成绩前五名学生每人可推荐、创编一至两道试题,张贴在走廊上,学校从中至少选取 20％的题(每科)作考试题,并且在试卷上注明入选试题编写者身份信息。

同时,学校要对试卷命题者的资格把关,考核后颁发证书,命题者持证命题。校考试卷上注明命题者名字,考后学校要组织教师对命题质量进行评价,评价等级与工作量、补助挂钩,强化命题者的责任心。

五、鼓励教师改编、创编、研究试题、试卷

1. 试卷未经组合、筛选,教务处原则上不签字,不能印发给学生。
2. 化题为组,从设计一道题到设计一类题。
3. 研发条件、结论、方法开放型试题。
4. 设计学科阅读题,问题建模后才能解答的题。
5. 有母题意识,把握变式规律。
6. 研究近五年高中招考试卷,把握命题导向、走向、动向。做题、研究试题,写命题走向对教学的启示,预测明年命题趋势及应对策略,同事之间互相分享。

六、提倡作业设计、批改、评价全面创新

1. 画学科知识树、运用 5R 法整理单元知识、写学科日记等进入作业序列。
2. 自留作业、自选作业、同层互留作业、套餐分层作业、翻转作业应成为作业新常态。
3. 正确率、创新性、书写质量多维评价,自评、互评多元评价,延滞性评价、二次评价、对教师评价的评价,鼓励性、期待性、商榷性评语,过程、问题、方法指导的创新性批改符号,皆应进入作业批改视域。

27 19类创意数学作业

学好数学离不开刷题，能否对所刷试题的形式加以包装或做点文章？经过思考，笔者提炼、总结了中小学数学作业设计的十九种创新形式，与同行分享。

1. 资格作业（抽奖作业）

小学一二年级非常好使。告诉孩子，只有老师布置的作业全做对的同学，才有资格挑战高级题：从闯关箱中抽一道题不让同学看独立做，做出来后经教师核对正确抽第二道题，两道题都做对算过第一关，有资格从另一个闯关箱中抽更难的题，去闯第二关。小孩子越做不上越想做，资格作业变"逼我做"为"我要做"。

此外，还可以：周末放假前补充练习题不全发，只发给公开保证回家完成的学生。

2. 品题作业

让初高中学生对精华题，如压轴题、新题型等，进行"品味"、揣摩。建议七品：一品题中关键字词，搞清题意；二品出题意图；三品出题角度；四品设问方式；五品涵盖的知识点；六品设计陷阱；七品参考答案。这是一种高阶思维支持的深度学习。

3. 帮扶（请教）作业

对学困生每周可留两至三道对他们来说有点难度的题，让他们请"师傅"或家长指导、讲解、帮扶，彻底弄懂搞明白。

4. 同伴互留作业

同一层次的学生可围绕本节所学互相出题或选题，所出或选的题首先自己得会做（先做）。

5. 同类题巩固作业

若哪道题做错了，自己要选一至两道同类或变式题去巩固。实在不会找的，可请优秀生或教师为自己选题。

6. 自选作业

教师出若干个题，其中熟悉的免做，只做不会的。做与不做，自主权在学生，让学生在最近发展区刻意练习。

7. 翻转作业

出示一两道有思维含量的同类题，教师给出标准答案，让学生写出思维过程、解题思路与方法，之后再出一道题，让学生尝试运用悟到的经验、方法，看是否需要重新去品悟样题。

8. 阅读作业

越是数学学困生越要布置阅读作业，以助其增加积累，提高理解力。

可以布置阅读教材，数学相关课外书、拓展资料等。对优秀生也可让其借助自主阅读，去尝试解决课本上未涉及的问题。

9. 推荐考题作业

月考或期中考试试卷中，至少20%的题从学生推荐题中选出。考前一周可让优秀生推荐试题，拟出答案，若被选中，试卷上会注明本题由××推荐字样。

10. 推理（破案）作业

靠数学逻辑推理才能得到答案或破解谜团的作业。

11. 游戏作业

利用扑克牌等创新设计适合小学各年级的游戏，如任取四张牌进行加减乘除四则运算使结果为24的24点游戏，变题为游戏。

12. 给算式创编应用题作业

给一个算式，让学生创编符合此算式的不同生活情景的作业。

13. 逆向开放作业（给结果让学生补充算式）

平常我们总是给算式，让学生写答案，现在倒过来，给一个结果，让学生写算式，比如低年级就可设计"写出等于9的算式，越多越好"这类作业。

14. 知识点串联作业

单元复习或整本书复习时，教师选一些题，让学生写出题目涉及的定义、定理、概念、公式，写出与上述知识点存在种属、并列等关系的知识点，写出易错易混点，写出解题思路、方法。此类型作业不是为了做题，而是让学生借助题目串联相关知识点，回忆、品悟题型、解题思路与方法。

15. 思维进阶作业

教师可设计一组试题，让学生探究这些题的共性与不同，进而发现一题多变、多题归一规律，让碎片化思维整合、系统。

16. 比协作速度作业（每人完成一步）

以小组为单位，遇到类似解方程、有理数混合运算需熟练掌握解题步骤的若干道题，同时开始，每人做一步，做完快速传给小组另一个人，协作时保证每个步骤每个人都经历，看哪一组又快又对。

17. 画思维导图作业

让学生画单元、整本书思维导图，借此来梳理、建构单元或整本书框架知识体系。当然也可让小组分工协作完成思维导图作业。

18. 跨学科呈现作业

布置数学手抄报、数学日记、数学小论文、数学观察统计分析等跨学科呈现作业。

19. 考老师作业

学生可出题考教师，也可选题向教师发起挑战，看谁在规定时间内先完成。

作业设计形式的变化，必将带来学生投入、参与度的变化，最终带来学习效率的提高。当然，除了上述笔者推荐的十九种作业设计创新形式，你还可创意更多形式，让你所留的作业常变常新。

28 作文教学改革的六个小创意

创意一 作文纸取代作文本

一、作文纸构成

作文纸由四部分构成：一是作文要求与指导，二是写作提纲，三是作文方格纸，四是带有详细提示语的自我、同伴、教师评价表。

二、作文纸使用

以命题作文《我的老师》为例：

1. 出示对本次命题作文的要求

2. 首先，让学生以填空形式概括自己拟写文章的中心脉络。你想表达或反映教师_____品质，这种品质可通过叙述_____事来说明。其次，告诉学生所叙的事不准出自公共选材区，如写关心学生，就选雨中打伞、生病取药、补课等大众化套路事情。你的个性化事情是_____，六要素是_____。再次，推荐在布局谋篇上有代表性的几篇文章的结构提纲。最后，让学生仿写或创新出自己的写作提纲。

3. 让学生像小升初或中招考试那样在作文方格纸中规范写作。

4. 写完后自己读、找班级批改小组成员读，并依标准评价。

三、作文纸取代作文本的好处

1. 让学生感受到写作是阅读逆过程，中心——选材——结构，达到以读促写效果。

2. 学生平常在专用作文纸上写作，对规范书写有明显帮助。

3. 便于在班级或年级展示交流。

创意二　写作训练学期积分制评价体系构建

一、写作、训练、考评多元整合

学习名师经验，将摘抄积累、片段训练、日记、作文、二次作文、年级展示、校报发表纳入统一考评体系，以积分制统一管理。

二、构建千分制积分评价体系

1. 每次积累20个词语或10个句子以上积2分。

2. 工整抄写一篇优秀作文，400字以上积4分，600字以上积5分。

3. 课外读书笔记依照摘录、赏析、仿写仿用格式，且在100字以上积6分。

4. 凡是自己写的片段、日记，不论长短最低积8分，300字以上积10分，500字以上积12分。被评为优秀，一篇积15分。

5. 大作文按优中差等级分别积25分、20分、15分。二次修改上升一个层级再奖10分。

6. 片段、日记、作文等被选在年级周展示每次奖20分，在校报上发表奖40分，在校外公开发行的报纸、杂志上发表奖80分。

7. 每次大作文能读给两名同学听加3分，读给爸爸妈妈听加4分。

8. 每学期能将自己的习作汇编成册，做到五有——有目录、有序、有后记、有封面、有插图，奖励80分。

三、千分制评价实施规则

1. 每学期每个学生写作积分不得低于一千分。

2. 学生可从上述八项积分项目中选择自己喜欢或有优势的项目获得积分。

3. 诱导学困生实现"抄——写——写好"的逐步升级。

4. 对积分达到千分以上的按等级分别授予年级写作积极分子、文学幼苗、文学爱好者、小作家等荣誉称号。

四、写作学困生心态写照

刚开始他会选择抄，感觉累得分少；接着他会尝试写，写得多得分却不多；最后他会选择写好、二次写，写好一篇抵多篇。

创意三 小组循环日记，语音转换文字写日记

一、循环日记

日记训练一直是一个教学难点，写作素材单调，学生兴趣不高，缺少交流共享。循环日记便是基于此而开发，其以小组为单位写，小组成员共同使用一个笔记本，循环写作、循环评价、循环欣赏。

（1）准备笔记本：每组准备一个小组公用的笔记本作为"循环日记本"，并给笔记本起一个个性化的名字，在第一页注明组员姓名、轮流写作顺序，如果有兴趣还可写个前言。要预留出两页空白，以备将来整理目录。

（2）轮流写日记。每天一个人，循环书写。书写者除了写自己的日记，还要写出自己对上一篇日记的看法。循环日记小组四至六人比较合适，人员太多循环周期太长，每个人的作业量太少；人员太少，则作业量偏多。

（3）一学期下来对整本日记进行整理，可以写出目录，彼此分享

作品并进行反思。

二、语音转换文字写日记

学习名师经验，利用语音转换，快速写日记。

孩子每分钟只能写十几个字，写一篇日记至少需要半个小时，因此很多情况下不是孩子不坚持写日记，而是因为要完成大量学科课外作业确实挤不出时间。语音转换文字很好地解决了这个问题。让学生说出内容，然后借助语音转换文字软件或功能，转化成文字，这样三五分钟即可完成，大大缩短了写日记的时间。

创意四　作文修改资源包、二次作文

一、作文修改资源包

作文修改资源包，是根据本次习作讲评课的需要，从学生优秀习作及书刊上整理出来的专供修改作文用的材料，比如好词、好句、好段、好结构、好素材、好立意等。这个资源包，不但给学生修改作文提供了资源，还教给学生很多开头和结尾的方法，同时还有助于学生积累很多的好词佳句，这对学生写作水平的提高有很大的帮助。

二、二次作文

作文讲评后，学生借助作文修改资源包提供的资料和教师批改及评语，对本次作文进行修改加工或重写，必须达到提升一个档次的要求。

创意五　作文素材库、读写结合摘抄本、写作双要求

1. 作文素材库

为了避免出现孩子写作文无事可写，写作文之时就是说谎话开始等现象，每周末安排学生主动搜集班级、学校、家里、社区、省内外

各种自己感兴趣或引起自己关注的事情，不必摘录，只要一两句概括加点评即可。这就是作文原材料，即写作资源库。返校回来，可再开展作文资源交流课，这样就解决了写作文无事可写的问题，同时也实现了我手写我心的真写作。

2. 读书笔记变脸——读写结合摘抄本

要解决学生读书笔记或摘抄本上的内容写作文时用不上的问题，最好的方法就是读书笔记变脸：好词分类，知道用在什么地方，并用上一组写一段话；好句、好段要明白好在什么地方，即要赏析、品味，并仿写句段；好结构一定要先仿用，再创用，这样阅读、积累才能转化为写的能力，实现读写一体化。

3. 写作双要求

每次作文至少用上五种标点符号，至少用上三个句型，至少用上五个成语，至少用上一种修辞手法，至少用上一种细节描写。每次作文，围绕文章格式，比如题记、后记、小标题等，提一个要求，围绕倒叙、欲扬先抑、衬托、借物喻人、首尾照应等写作手法提一个要求。

强制变习惯，每次学用一点点，积累定见成效。

创意六　建立读者群、多维评价、师批生改、对教师评语进行评价

1. 让作文有读者群，把作文变作品。

推广名师经验，作文写完后，至少让三个人读或读给三个人听，包括同桌、好朋友、父母。也可以让孩子把自己的作文反复修改成"作品"，把自己的好作品制作成MV或插入音乐、图片在班级作文微信号或抖音上亮相，秀一秀。

2. 多维等级评价

从过去综合打分或给等级，变成从立意、语言、结构、素材、书写等中招评分维度进行等级评价。

3. 师批生改

变"师批"为"生改"。

对于文字功底差些的，在各段文字旁作如是眉批：本段有两个错别字，一个运用不恰当的词，一个不通顺的句子，请订正。对于文字功底好些的，只在文末批一句：本文有两个错别字，一个病句，请找出来纠正。这样一来，就增强了学生的主动性，学生拿到批改后的作文后，马上就会对自己作文中出现的问题进行修改。

4. 对教师作文评语进行评价

写作文评语的评语。让学生认真读教师批改后的作文，对教师评语用一段话进行评价，表明对评语打分的看法，让教师花心血的作文批改真正起到作用，让教师在作文批改上的劳动有价值。

29　与作业设计与管理有关的 14 个小创意

在阅读思考及借鉴专家观点的基础上，笔者整理了与作业设计与管理相关的 14 个小创意，特与一线教师分享。

创意 1　美化作业封面

"我的作业封面我做主"，鼓励学生对作业封面大胆进行个性化创意设计，比如：摘抄或撰写一句自己喜欢的格言；贴上一些喜爱的卡通粘贴画；用彩笔画上一幅与学科有关的图画……作业封面我设计，作业封面我装扮，旨在让学生看到作业本就有一种好心情。

创意 2　教师、家长写寄语

新学期开学，教师及学生家长可在作业本第一页真挚地写一条寄语，表达自己对孩子写作业的鼓励、期盼。

创意 3　学生本人写见面语

要求学生在教师、家长写的寄语下面写一段作业见面语，就本期作业对自己提出新目标、新要求、新约束。

创意4　作业绳套

现在许多学校多是大班额,一个班五六十人很正常,六七十人也不足为奇。批改作业成了教师的负担。教师拿到一本学生作业,仅翻到本次需要批改的地方,就需要很长时间。若教师让学生把已批改过的作业用绳套起来,教师一下子就可以翻到当天需要批改的地方,这样效率就可以大大提高。

创意5　设立交换作业书写日

每月留出一天作为交换作业书写日,让中小学生在同伴作业本上做作业。笔者发现,一段时间后学生对待作业的态度、书写的认真程度以及作业正确率都有明显提高。

创意6　专设班级作业协调员岗位

因学科教师之间缺少必要沟通,难免会出现各科作业累积总量某天过多或过少、"旱涝不均"的现象。为了保持每天的作业量基本平衡,应设立班级作业协调员岗位,其职责是:向学科教师通报作业信息,反馈学生呼声,协调班级日作业量,避免出现学生做作业忙闲不均的现象。

创意7　发放免作业卡、家庭作业通行证

免作业卡。教师将其作为一种表扬卡发放,在必要的时候,奖给学习优秀的学生,允许其免做当天的作业。也可以扩展这种奖励卡的功能,让拥有此卡的学生在学期结束时兑换奖品。

家庭作业通行证。持有该证书的同学当天晚上可以不做家庭作

业,第二天交作业的时候上交此证书。

创意 8 让学生创作"写给旧本子的话"

作业本用完或学期末让学生创作"写给旧本子的话",对作业进行盘点、梳理、反思,抒发"陪伴"之情。

创意 9 收藏优秀作业,颁发作业收藏证书

一本作业,一本记忆。作业是孩子的作品,折射出孩子的态度、习惯、品行、心智倾向等,是孩子成长的见证,同时也是教师用心用情书写的作品,更是教师工作的写照,充满故事感。教师向下一届学生展示自己保存的上届学生的优秀作业,对打造正向作业文化有重要作用。为此,教师征得学生同意后,可定期收藏有代表性的优秀作业,同时给这些作业的小主人颁发作业收藏证书。

创意 10 作业本设检查栏

作业本设检查栏,学生做完作业后,直接进入检查环节,标注哪些题有把握一定对,哪些题不能判断正误。这样利于养成检查作业的习惯,同时自己认为一定对的题错了,学生一定非常关注,利于纠错。

创意 11 重视作业订正两个盲点

不可忽视试卷中学生做对但不是真会的题。对于做错的题,无论教师还是学生本人都非常重视,然而有相当一部分题学生是凭运气或感觉蒙对的,并不是真会。教师或学生对这部分题常常忽视,造成纠错盲点。建议学生对这类题"小题大作",即当成大题,写出完整步

骤，达到不但知其然，而且知其所以然。

创意 12　错题订正新举措——尝试给同伴讲两遍

有些学生订正错题时直接将教师在黑板上的讲解抄下来或死记、模仿套用下来，不是真正理解了，为此笔者建议让做错题的学生先在纠错本上规范订正，然后把这道题先后讲给两名同伴听，即差生给中等生讲题。

创意 13　理科作业六步纠错

第一步：找出错因。主要有思维方法错误、知识点欠缺、答题失误、运算错误和格式错误，如数学题目抄错、数字看错、式子列错、中间数字算错、运算顺序错误、题意理解不清、混淆概念等。

第二步：保留错题，规范订正。

规范订正有三层含义：在错题旁边用红笔订正；填空、选择、判断题要写出具体步骤，小题当成大题订正；蒙对的题也要订正。

第三步：要求学生再做一至两道同类型习题进行巩固。

第四步：梳理、归纳该题所涉及的知识点，进行系统复习。

第五步：想一想这个题还可以怎么变换考？

理科教师可以尝试引导学生按照专家所说的如下五种方式进行改题训练：一是变换数字，就是改变题面中的数字；二是因果对调，就是把某个已知条件变成未知条件，把某个未知条件变成已知条件；三是增减条件，就是增加或减少已知条件的数量；四是数图变换，就是把数字变成图表，或者把图表变成数字；五是数变字母，就是把特殊问题变成一般问题。

第六步：把有代表性的错题整理到纠错本上，在当天、第三天、一星期后、一个月后各复习一次（1371巩固法）。

创意 14 探索整理作业及单元学习成果展示汇报作业

建议课堂上留写学习整理卡的时间。整理卡可分三大部分：一是系统梳理知识点、认知策略、学习策略及解决问题的方法；二是解决课堂上存疑有待解决的问题，提出新问题；三是围绕所学内容创编一至两道有代表性的习题。

这样做的好处有：说出后再写出来是二次提升；创编题比做题更有价值；知道困惑问题、发现新问题比解决问题更有价值；认知策略、元认知策略等三维总结效能远远高于单一知识点层面总结；用技术工具总结利于思维可视化。

一个"学习成果单"就像是一篇反思总结、应用创新文章，是学习效果可视化的"产品"。教材上的任何一章、任何一节都可以作为成果的主题，可以是对教材的认识和理解，可以是个人观点陈述，还可以是应用之后的新见解与创造，当然也可以是动手制作"产品"。

30 提升作业效果的六个硬核小策略

笔者在阅读《人民教育》2021年3—4期合刊高质量作业管理专辑基础上，结合自己的理解、消化与实践，梳理、提炼出了九条提升作业效果的小策略，现与同行分享。

策略一　以年级组为单位制作对家庭作业答疑的小视频

初高中学生在家做作业遇到不会做的题不能及时得到帮助，这是造成学生做作业时间过长或完不成作业的主因。受翻转课堂拍微视频帮助预习的启迪，建议以年级组为单位协作分工录制针对作业中较难题答疑解惑的微视频，就星期天作业学校分学科设置视频答疑热线，这种利用微课、线上同步答疑的方式，深受欢迎，实际效果也不错。

策略二　变当堂讲评为延迟反馈

正如特级教师管建刚在文中所述，当堂讲评有三大弊端：一是中后等学生差错多，急匆匆擦去错误答案写上正确答案，他们一门心思抄写正确答案，没时间思考也没心思细听分析。时间一长有些学生的表现更可怕，不会或没有把握的题干脆不做，待老师讲评后再抄上，又快又干净。后果是学生失去了二次思考起跳的机会，也造成了作业批改时都对、考试时又错的现象。二是中后等学生很难立时消化教师的讲评分析，往往是教师在讲第二题时他在抄第一题的答案，老是慢半拍，听讲效果自然大打折扣。三是浪费了优秀生的时间，造成了优秀生陪学。

下课后，教师可立马贴出答案，学生有空即可自行校对、自行反省，课上讲评只针对个别题目。

策略三 对各种类型的作业提出不同跟进要求，确立三种作业跟进形式

第一种是题目重现，为不同的学生提供诊断。学生对错题进行整理，帮助学生有针对性地加强巩固，提高学习效能。

第二种是错题修改，检查学生犯错的原因。通过错题修改的跟进作业，充分暴露学生的相异构想，让学生重新检视自己的认知偏差。

第三种是题目重构，指向学生能力提升，帮助学生在解决更复杂问题的过程中培育学科核心素养，发展高阶思维。

策略五 小学生必须在老师眼皮底下订正

管老师认为，独立订正作业的习惯是"管"出来的，"盯"出来的，而不是"说"出来的。如此，作业的"最后一公里"才算真正走完。

策略六 分层布置作业时，学困生与优秀生做作业的时间应同样长

学困生因基础差，理解力弱，知识不能系统组块，因而更需要对必须掌握的知识点进行大量变式训练才能掌握。若练习量过少，必须掌握的知识点学困生必然掌握不好。

因此，学困生更需要变式训练作业，要保证学困生与优秀生做作业的时间大致相当。

策略七　教师设计作业时，切不可追求一步到位的所谓与高中招接轨；同时对作业、练习册、单元试卷中的易错题实行再考，倒逼学生翻看消化

学习理解知识是一个循序渐进的过程，练习要构成一个渐进系统。课堂练习重基础，课外练习重变形，单元练习重综合，不要试图新授课上一步抢占制高点——与高中招接轨，这样学生会吃不消的。

多数学生对做过的作业、练习册、单元试卷从来不看，对上面的错题缺少多次消化，考场上经常犯重复性错误。若月清用上面的错题考，定会倒逼学生翻看消化。

31 月考怎么命题、怎么考、怎么评、怎么用、怎么考核

一、怎么命题

对校考命题质量、导向性严格把关。

1. 强化对课标要求、试题动向尤其是学科素养测查的研究，加强利用双向细目标命题技能的培训。

2. 尝试试卷命制资格荣誉制，让有资格教师（或组合）命制试卷，初期也可邀请学科专家、教研员审卷，提出修改完善建议；依据试卷命制优劣等级给予命题教师相应补助。

3. 鼓励改题、组题，尤其是加大原创题所占分量，同时强化参考答案规范、细化要求；另外对主观题，如作文，提出详细评分意见，以免因尺度不统一导致人为误差。

4. 学生推荐试题，试题及答案提前一大周在走廊里公布，提倡学生研讨交流。

二、怎么考试

思路：强力推进教学评一体化改革，提高课堂教学有效性及与考试一致性。

行动方案分两步走：

一是问题前置，以考定教（学、练）。新授课前将最近三年各级别的期中卷调出来，年级学科组全体教师共同研讨，包括其中涉及的知识点、考到什么程度等，同时邀请有经验的教师指导给以建议。

二是开卷练，闭卷考。教学前就向全体师生公布考试范围及三套样卷，并保证考试与教学绝对一致。这样教师就可以有侧重地渗透、讲评，学生就可以有针对性地强化训练。

另外，还要变换考试形式，让考试真正起到查漏补缺的诊断、正向激励、改进作用。

秉持理念：以会为目的，变换考试形式。

1. 开卷考。月考前两周，让学科教师命制一套卷；调出最近两年月考卷从中选一套；从资料中选两套卷，做局部调整，保证题型不重复。四套卷带答案发给师生，师生可讲可练。月考从四套卷中选题组卷考。试想，以往是先用难题考，考得师生灰心丧气，然后再反复讲评，最后达到掌握；而这种开卷考，把讲练提到考前，总时间没有增加，师生越考越自信。

2. 用学生推荐的题考。让各班尖子生提前推荐、编制优质试题，公布在年级走廊里，月考试卷选用学生推荐的试题不少于25％，并且试卷上注明试题推荐者的班级、姓名。就这一点改革，使得课前饭后走廊上研究推荐试题成为风景，许多学生都把收录自己推荐的试题的试卷保存下来，作为学涯中一段美好回忆。

3. 二次考。二次考有两层含义，一是考前以1∶1.2印卷，讲评后，让成绩后20％的学生再考，检验讲评、纠错、订正、消化效果，力争实现"考后清"。二是将出错率较高的题、压轴题组卷再考。这样做的好处是，确保学生正规考试时不犯重复性错误。

4. 训练检查考。把考试时间分为两段，一段为答题时间，一段为试卷检查时间。为了引起学生对检查的重视，第一次训练检查考试，检查出的错题用红笔改写，分数按1∶1.2计入总分，往后考分、答题分、检查分分别排名。

5. 抽考。每个学习小组抽签决定各科的考试人选；抽考学生的成绩代表该小组该学科的成绩。

6. 出卷代替答卷。学生自主命题；提供答案；错题错答案双倍扣分。

7. 毕业班分层组卷考。学困生多数学科不到半个小时甚至二十分钟就已经把会的试题做完了，剩下相当长时间无所事事，在考场上干坐、干等。因此建议分层组卷考试。为学困生单独设立考场，在他们踮起脚尖能够着的发展区内选择几套试卷中的基础、中等难度试题组成一套卷来考，确保效益最大化。组卷难度如何把握？以普通班学科平均分做参考，以1∶1.5分值比例来选题，试卷完成时间与普通卷一样。

三、怎么评

1. 上好试卷讲评课，让学生不犯重复性错误

严格遵循试卷讲评课基本流程，让学生对错题多次消化巩固，确保再考时学生不犯重复性错误。

2. 大考后加小考

采取大小考加权给分。每次考试分大小考，大考就是常规考试，权重占70%，小考指的是试卷讲评后专门针对错题的用时较短的考试，权重占30%。大小考结合给分，让师生重视试卷讲评及消化巩固，使考试真正起到应有作用。

小考实际操作是：小学语数英组一张卷统一考，初中分文理卷统

一考。

四、怎么用

1. 启用交叉评卷学生答卷反馈表。

许多学校为了给绩效考核提供教学效果数据，为了确保考试评卷的严肃性、公平公正性，多采取年级回避制的推磨式的交叉评卷，但笔者发现，任课教师因未参与自己班级学生试卷的评分，或只参与了某一道题，对学生整体答题情况知之甚少。为了上好试卷讲评课，查漏补缺，明确今后教学注意事项，教师不得不重新翻阅试卷，如此人为导致教师工作量增大，同时因教师缺少横向比较的第一手资料，学情反馈效果往往大打折扣，写试卷分析更是无从着手。

如何破解这一问题？设计一个交叉评卷学生答卷反馈表。

该表设有改卷人、题号、题型、本题年级整体答题情况、存在的主要问题、错因列举、本题创意答案、教学建议、推荐规范书写答题试卷、考场优秀作文等栏目，由改卷人规范填写，同时还设有整体考情反馈，由年级评卷组组长在改卷结束第一时间组织研讨后执笔书写。学校将此表发给任课教师供试卷讲评、分析参考。

这种方法让离"炮火最近的人"决策，体现了"人人为我，我为人人"的合作分享意识。可见，请改卷教师填写交叉评卷学生答卷反馈表值得推广。

2. 尝试让学生写考后分析。

考试后让学生写考后分析也是非常不错的举措。重点从考试成绩进退步或目标完成情况，影响本次考试的主要因素及今后采取的措施等方面，在试卷上面书写。

五、怎么考核

教师方面：

1. 绩效考评首先考虑所教学科年级团队成绩，尤其是平行班的分差，再考虑个人所教班级的成绩。若整体不佳或分差过大，降级。

2. 可采取一卷多用策略。比如一张卷除了按常规卷考评全班外，还将各班前二十名或后十名成绩单独拉出来，作为培优补差效果指标。

一卷三析指的是分项分模块数据分析。比如语文分基础知识、阅读、写作，英语分听力、客观题、主观题（习作）等，分别统计，让教师明白本班薄弱点是什么，影响成绩的主要因素是什么。这样便于有的放矢地整改、补救。

3. 可变固定及格率、优秀率为动态及格率、优秀率（注：划定及格人数、优秀人数，核算与各班人数及总人数比值），变平均分为年级学科位次差（注：两次班级学科平均分与年级平均分比值的差），增加及格、优秀增长率指标，引进学科有效率指标，考虑接手班级学科真实水平，根据上述指标权重、导向性积分制考评。

学生方面：

让学生在最近发展区内竞争，即分层同质竞争。以 80 分、70 分、60 分为界划分 A、B、C、D 四个层次，同一层次内排名，奖励各层次前两名保持者及进步名次最多的学生，跨层重奖。

32 数英作业、试卷常用检查方法

学生做作业、考试时检查不出来错误主要有三个原因：一是检查毫无逻辑，分不清重点和主次；二是检查毫无技巧，白白浪费很多时间；三是思维已经定型，做题和检查的思维模式相同，很难发现其中的错误。检查是一种技能，是需要训练与坚持的，为此，特推荐数英作业、试卷常用检查方法。

一、数学学科常用检查方法

学会检查数学试卷，能检查出问题，把失误降到最低，是确保学生参与考试竞争取得理想成绩的有效策略之一。那么，在平常做作业与大型考试中，数学学科有哪些常用检查方法呢？

1. 遮挡法。不要顺着原来的思路走，要重新审题和答题。用草稿纸把答案挡住，把题目在草稿纸上再做一遍，如果两次列式或计算的结果一致，便可跳过。如果结果不一致，那就要重新思考。

2. 利用演算纸检查。它是一种快速、省时、易操作的方法。草稿纸要好好利用，不要东一笔，西一笔，要分区、分题利用规划，做题打草稿时按顺序来，检查时按草稿来，方便又能节省时间。

3. 标记题目。作答时就标记检查重点。遇到拿不准或不会做的题目，用铅笔在题目处做一个自己能看懂的标记，回头检查时，若时间不够用，可启动重点检查。

4. 利用交换律或逆运算检查。遇到加乘，可交换位置再计算一遍；加减乘除可利用逆运算来检查。

5. 代入法。各类方程（组）、不等式（组），可将解集代入原方程（组）、不等式（组）去检验。

6. 再读题目要求。比如，很多考试会要求把答案统一写在后面的答题纸上，而非试卷上，如果学生没有看清要求，直接写在了试卷上，即便题目都答对，也得不到分。再如，选择、填空让填序号，而学生填成了数字。还有，让选择错误的，看成选择正确的；多选看成单选；要求计算并验算，错看成只计算；没按要求用简便方法计算；规定用方程法而误用算术法；等等。所以检查时，题目要求也是要重点检查的。

7. 避免常犯小错误。小学生要检查漏题、漏问了没有，单位统一了吗，结果带单位了吗，等等。

8. 检查关键数据、式子。比如求函数表达式时，若求顶点坐标出错，则步步出错，因此类似顶点坐标这种要重点检查。应用题要重点检查公式、方程列正确了吗，不要只检查得数算对了没有。

9. 运用生活常识检查。求人数、身高、车速、价格等问题，可利用生活常识去判断答案正误。

10. 熟题防惯性思维。

考试时绝不能被似曾相识的题目迷惑，想当然地认为自己做过，从而产生轻视心理。看着眼熟的题要更加仔细地检查，看数字、条件、要求是否改变，避免因误看、疏漏而导致低级错误的出现。

当然，还要学会三时态试卷检查法。它指的是试卷检查依据时间充足与否分为三种情况：

应急检查。比如考试结束钟声已响立马要收试卷时，可将空着的判断题、选择题填上一个答案。

快速检查。比如最后十五分钟提示铃声响过，自己又做了一段时间，检查时间显然不充分时，就要启动快速检查预案，一看有无漏题，二看格式如设答是否完整，三要对不会的选择题、判断题做出决断，四是把分步给分综合题的公式、方程写上，等等。

常态检查。若时间充足，可借助演算纸对计算复查，可采用代入法检验……重点题、有疑惑的题要重新读题，重新思考，不要思维定式。

二、英语学科常用检查方法

1. 听力同步检查法。

第一遍边听边作答，第二遍核对答案。

2. 遮挡法。把答案挡住，然后读题再选一次，如果两次所选结果一致，便可跳过，如果结果不一致，那就要重新思考。

3. 标记题目。作答时就标记检查重点。回头检查时，若时间不够用，可启动重点检查。

4. 代入法。把答案代入原题读一读，思一思是否符合语法规范。

5. 避免常犯小错误。重点从单词拼写、有无漏词、时态、介词使用、语序等角度去检查。

6. 重点检查语法题和作文。拿不准的可以凭借语感来作答。英语作文写完后要多读几遍，一定不要出现错词或错句。宁可用很短很简单的句子，也坚决不用拿不准的句子。

7. 借助审题留痕，再次思考作答依据。

8. 再读题目要求。

33　如何避免学生考试时犯重复性错误

学生作业、考试时为什么会多次犯同样的错误？采取什么样的举措、机制去纠错，才能避免上述问题再发生？笔者思考后认为应从纠错上着手。

当前在纠错方面比较好的做法有：

1. 错题要保留痕迹，在旁边订正。

2. 建立错题本，抄错题、分析错因、用红笔订正，并反复查看、消化。

3. 订正不能有盲区。作业、试卷中蒙对但实际上不理解、不是真会的题要仔细订正。

4. 小题按大题订。对试卷中的选择题、判断题也要像大题那样，详细订正，而不是仅仅把答案改一下。

5. 复述是一种有效的纠错方法。课上优秀生讲完，让学困生复述。试卷讲评可以让优秀生代替老师讲，重点讲解题思路、方法，还要让学困生复述或同桌对说对问。

6. 错题同时讲。先让学生自我订正，合作订正；然后小讲师对重点错题，进行讲解，即先把错题写在前后左右黑板上，选择做对并且表达流利的学生当小讲师，其余学生动起来，哪道题不会去哪道题那儿听。小讲师隔一段时间调换一次，这样就避免了某道题已会还得陪听、陪学的问题。

7. 给同伴讲两遍。课后不是让优秀生给学困生讲题，而是反向设计，让做错题的学生给中等生讲题，并且找不同的人各讲一遍。

8. 让学生写考后小结。

9. 将连续几次考试学生出错率较高的题组成新卷，变换形式再考。

10. 巩固性纠错。一是讲评时尽量让学生聚精会神专注地听讲、思考（忌忙着抄答案），课后让学生不翻阅任何资料独立订正。二是教师或学生自己找一至两道同类型题巩固。

11. 变式纠错。变一变条件或条件与结论换一换看学生会不会，也可以让学生自己编题。变式纠错的另一层含义是不能就题论题，而要一题多变、一题多问。

12. 根上纠错。不要就题纠错，要让学生梳理、消化本题涉及的知识点，还要从思维、思路、方法上对存在的问题深刻剖析。

13. 持续性纠错。试卷上的错题，要求学生当天规范订正，并在错题前面标上星号，隔一天再把错题看一遍，会的放过，不清楚的标上二星，隔三天再看二星的题，同样，会的放过，不清楚的标上三星，一个月后只看标有三星的题，直至全部搞懂为止。

纠错是一门艺术，纠错也育人。我们倡导容错文化，变"事故"为"故事"，培养学生直面错误、超越错误的求真人格。

34 学生考场上又快又好工整书写这项技能可以这样抓

先看一个案例：某校张主任极其严肃，平常学生非常怕他，在一次校外竞赛前，张主任做考前动员，强调规范工整书写，若谁没规范书写，回来收拾谁，结果学生因追求工整书写，做题速度大大降低，造成试卷大面积未做完，得不偿失。此类事情为何发生？因为又快又好工整书写是一种应试技能，想写好与能写好是两码事。

那么学生写字慢、写不好是什么原因造成的？

笔者认为主要有三条原因：一是写字时，看一笔，写一笔，即一个字看好几眼才能写成，这样就造成写字速度慢，同时没有整体间架结构，字也写得不好看。二是患了橡皮依赖症。"反正写错了有橡皮擦"，因此写字时注意力不集中，写错了擦掉重新写，这样就造成写字速度慢又记不住。三是一次写的遍数过多。

基于上述三条原因，学生书写可以这样抓：

一是从平常教学练习抓起。要求学生整体观察生字的结构，看一到两眼把字写完；尽量不用橡皮；写生字每次不超过三遍，第一遍写对，第二遍写好，第三遍写得又对又好。

二是日行练字工程。这里的"练字"指的是写得横平竖直，上有天下有地，左右有框，既不太大又不太小的考场卷面字训练，不是要求顿笔回笔等的书法艺术训练，重在写得又快又好。规定各年级的书写速度，坚持天天默写古诗词、必背文言文、现代名篇名段训练，训练后反思要提升的是书写速度，还是书写质量，期末进行又快又好工整书写专项考核。

三是提倡动笔之时就是练字之时，尤其是强化非语文学科作业、练习册等的书写质量，纳入教师量化考核。工整书写不仅仅是语文教师的事，而是全体教师的事。

四是语文教师每个月选班级四分之一学生，予以一对一手把手指导，重点关注，下个月再换一批，一学期循环一遍。

五是开展小组、班级、年级、校级四级写字展示，在四级展示窗展出，周周更新。

六是无论小考大考各学科均设卷面书写分，引起学生重视。

总之，考场上在保证速度基础上把字写工整是一项技能，可以训练强化出来。

35　期末复习备考怎样才能抓到点子上

在期末复习备考的关键阶段，如何向管理要质量？如何向复习要质量？如何实现科学高效应试？笔者建议从以下方面着手：

一抓时间调整

最后两小周复习期间，社团课程考核结束后可暂停；体、音、美、微机等学生喜欢的课程第一小周不能停，第二小周提前组织知识、技能两项测试；非统考科目学校要组织严格考试，成绩以等级制纳入奖学金发放及三好学生评选之中，否则教师、学生会不重视这些学科。

二抓课程课时安排

每天上午主科可两节连排，便于考试或讲评、订正试卷；可以走班复习，比如同一学科安排拔高、强化、夯双基三个班同时上课，学生自由选择；也可以两个教师互换班级复习，查出疏漏知识点；当然，教师也可以选强项专题备课，备好后一上就是整个年级。

三抓教研与考核

采取捆绑制团体考核，一损俱损，一荣俱荣。先考核一拳头，再考核一指头，即先考核学科整体水平，再考核学科个人成绩；先考核班级总成绩名次，再考核学科成绩名次，若团体、班级成绩不理想，个人考核受牵连，即降低一个评奖等次。同时给班际分差较小的学科以加分奖励。用政策杠杆来撬动团队合作，确保团队智慧优于个人智慧，避免同学科过度竞争中留一手。

以年级学科组为单位研究最近三年市县（区）期末卷，同时邀请上一届教师谈教学建议。在此基础上，让教师命制一套试卷，教师间互相传阅，检查题型及知识点漏洞，当然也可精选题目组卷考。

开展试卷讲评课、习题课、复习课三大课型研讨。

四抓备课与作业批改

备课提倡写答案、实用案，提倡批到试卷、资料上，提倡用课件提升课堂容量。

复习测试卷要精选，原则上要求拼卷，不可随意印卷。另外，凡印必做，做后必评，评后必纠，纠后卷善存，存卷错题必标星持续复习。

五抓常规考试

从练与考的关系处理看，存在的共性问题是练考不分：小测验时，遇到学生不会或易忽视的问题，有的教师通过强调关键词句等"好心"提示学生，有的则干脆让学生停下来，在黑板上讲起来；没有时间观念，啥时学生做完啥时收卷；对学生的卷面书写平常不做严格要求；学生随意使用演算纸……造成的后果是，期末考试时，学生没有时间观念，试卷总是做不完；良好书写习惯没养成，书写时涂抹现象比较严重；更可怕的是学生不会独立思考、做题。事实证明，练习如考试,考试才能如练习。

因此要求教师,平时组织学生考试,要按照正规考试的标准严格要求,要求学生书写要规范,认真答题,认真检查,规范使用演算纸,考试时不提示。

启动试卷检查模拟考试,对检查技能进行训练。一是留出一定时间让学生启动检查模式,二是要求学生用红笔标出检查出的问题,看谁借助检查得分多。当然各学科也可以专题形式开展学科试卷检查方法、策略分享会。

六抓三节提分课

1. 押题课

以学科年级备课组为单位,在研究当地近三年试卷命题方向,了解学生考练易错易混地方基础上,针对丢分率高的专题、模块,集中团队智慧,猜押考试重点题型,让学生重点复习,确保不丢分。

2. 重点错题同桌互检消化课

(1) 语文、英语

A. 生字词

①同质学生组成对子小组,即优对优、中对中、差对差。

②出题难倒对方。先从整本书中挑自认为重要的、难记的、易出错的生字词或英语单词、词组二十个让对方默写,看谁难倒对方多。可进行三局。

B. 查盲区

围绕课本角角落落互相提问,防止出现知识点盲区。

(2) 数理化

①同语文、英语同质分组。

②互相抽检对方试卷中三至五道四星级重点错题，让对方说思路、说方法。

3. 考场技法及试卷检查课

(1) 拿到考卷后五分钟内应做什么？怎样把握正式答卷前黄金三分钟？

拿到考卷后五分钟内一般不允许答题，考生应先在规定地方写好姓名、准考证号、考号，然后对试卷作整体观察，看看这份试卷名称是否正确、共多少页、页码顺序有无错误、每一页卷面是否清晰、完整，同时听好监考老师的要求（有时监考老师还会宣读更正错误试题）。这样做的好处是，可以及时发现试卷错误，以便尽早调换，避免不必要的损失。最后整体认读试卷，看试卷分几个部分、总题量是多少、有哪几种题型等等，对全卷作整体把握，以确定作战方案。

上述工作两分钟内基本就能完成，剩余三分钟时间，允许看卷，但不准答题。我把这三分钟称为正式答卷前黄金三分钟。这段时间的主要任务是：快速浏览试卷，根据试题容量、难度，启动最优答题模式。若量大、难度适中，就启用快速答题模式；若量小、难度适中，就启用确保准确度的细心答题模式；若容量、难度均适中，就启用常态答题模式；若量大、难度又大，就启用跳做、啃骨头、分步得分答题模式。

值得一提的是，在外语听力考试中，黄金三分钟尤为重要。这三分钟其他事都放到一边，就专注于一件事，即快速浏览听力题题干及答案，明确听的重点，是重点听时间、听地点、听人物、听干什么，还是听数字、听类别作比较等，如此抓住了关键点，即便听时没全部听懂，也不影响答题。

(2) 试卷检查不是把试卷上的题再做一遍，也不是顺着原思路再看一遍，更不是仅看看有无算错的地方。以下七种试卷检查策略要教给学生：①三时态试卷检查法；②借助演算纸检查；③作答时就标记检查重点；④检查是否漏题；⑤检查题目要求；⑥遮挡法检查；⑦依据学科特点确定检查重点并采取不同检查方法。

　　熟题当作生题做，生题按照程序做，绷紧这根弦，就可避免低级错误的出现。

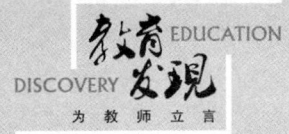

培优补差篇

36 学生"学不会"的 28 条自身原因

学生能学会的原因大多是类似的,而学不会的原因却多种多样,有学校、教师、家庭等外部原因,也有孩子自身学习动机、方法、习惯等原因,相较而言,后者更为关键。据观察,自身原因主要有:

1. 学生知识、经验、思维、学法的现实起点与新学内容要求的起点差距太大。

2. 课堂上自控力弱,动不动就分心、走神。

3. 在暑假复习班提前突击学过自认为都掌握了,课堂学习时深入不进去。

4. 自认为反正课后辅导班老师还要讲(补),课堂上听不听、学不学无关紧要。

5. 学习方法没有不断迭代升级,比如已上初高中了,不是利用音标、找规律记单词,仍然死记硬背。

6. 学科阅读习惯、能力差,不认真仔细阅读教材或读不懂教材。

7. 不适应解答真实情境问题,不能从所给材料中找出有用的关键信息对问题建模,只会死套步骤去解答直白习题。

8. 只思考这道题怎么做,没有拓展到这类题怎么做。

9. 短时记忆能力强,长久记忆能力弱;只重视记,忽视忆,遇到问题大脑中的知识提取不出来。

10. 单知识点都能学会，一综合就不会，即解决单项问题能力强，解决综合问题能力弱。

11. 重视学，忽视习。缺预习，听课吃力；缺复习、整理，知识碎片化，构不成系统；缺练习，知识不能或不熟练在新情景中迁移运用。

12. 解题只知道模仿，不重视变式、迁移或跨单元、跨学科深度迁移。

13. 越会的学科越想学，越愿花费大量时间；越不会越不想听越不做练习，恶性循环。

14. 因教师"误会"无意间受到伤害，从此不听这位教师的课。

15. 教师发出的课堂指令未听完整，就开始行动，即"抢跑、快半拍"导致学不会。

16. 上个活动结束，教师已开始讲新内容，学生仍沉浸在上个活动中，导致新内容前面未听，等回过神来想听却听不懂了，即"慢半拍"导致学不会。

17. 老师一提出问题，不经思考就快速举手，导致答案多是肤浅的、不全面的，缺少真知灼见。

18. 认为教师讲的重要，认真听；小组讨论或展示时学生讲的认为不重要，没有好好听。

19. 小组讨论时只愿说（表达），不愿听或不会倾听，或听后不能关联产生有价值的新思考。

20. 教师讲时认为重要的记笔记，对学生发言没有记笔记的意识；教师不提醒或强调，对重要的或自己困惑的不知道记笔记。

21. 不知道会的不记，书上有的不记，不会用关键词记要点，因专注记笔记而耽误了听，有的课后没有把课堂简略笔记进行整理。

22. 做题时不动脑思考，一不会就问老师或同学，自己不知道问题出在哪儿，更不去思考导致自己不会做的深层次原因。

23. 对做错的题，不清楚错因，没有规范订正，没有做同类题巩固，没有梳理涉及的知识点，重点题没有整理到错题本上反复消化，即不会系统规范纠错导致犯重复性错误。

24. 作业订正有盲区，判断题、选择题没有当成大题订，蒙对的题没有订正。

25. 课后做作业没有时间概念，未严格遵循整理复习—规范作答—检查科学流程。先做作业，不会就翻书、笔记，导致做作业时间过长；不知道做完检查是做作业的一个程序；做作业没有时间观念，总是拖沓，导致大考时时间分配不合理或做不完。

26. 分不清自己会的与不会的，习惯从头学（做）到尾，会的不会的都学一遍，无效学习时间多，学习效率低，即所谓的"平均用力"。

27. 复习时只知道被动重复，不习惯主动回想。

28. 缺少学习动力系统，不明白为什么而学习，总是"被逼学"，而不是"我愿学"。

37　学困生转化的 14 种方法

方法 1　跨学科补课

比如让语文老师为学生补数学，补数学阅读——如何读课本、如何理解概念、如何弄懂应用题等。

方法 2　学困生为中等生讲题

错题订正后，找两个中等生给他们讲讲，讲清楚了，也就理解了，就不会犯重复性错误。

方法 3　游戏补课

把拼音设置成拼音大转盘，把 20 以内加减法变成玩三角，把英语单词、化学方程式变成英语扑克、化学方程式跳棋等益智游戏，让学生玩中学。

方法 4　爬黑板

尽量让学困生多爬黑板。学生在黑板上写的效果远远好于在自己本上写的效果。

方法 5　访问学者

让学习态度不太端正的学困生到另一个班做访问学者。因面对新的班级，这些学生学习的精气神立马会有一个大的提升，会把自己最好的一面呈现出来。

方法 6　学习信息反馈牌

让学生自制一个学习信息反馈牌——小四面体。除底面外，其他三个面分别涂上红色、黄色、绿色。红色代表没有搞懂，急需教师辅导；黄色代表似懂非懂；绿色代表已全部明白，根本不需要教师做任何提示。当学生自学或教师答疑暂告一段落时，教师通过观察学生出示的信息反馈牌，对学生的情况就可以了如指掌，同时又保护了学困生的自尊。

方法 7　提前预防

小学对男孩英语、女孩数学格外关注；要防止初中男教师所教班级的女生、女教师所教班级的男生因性别原因沟通少而成为学困生。

方法 8　过筛卷（二次重考）

错题组新卷再考；也可多印 20% 的试卷，讲评后让学困生再考，力争达到考后一百分。

方法 9　签订协议法

从根源上解决厌学问题，扮演黑白脸、互相配合，家校构建转化共同体。

对个别特殊学困生，学校需要重点帮扶。学校不妨牵头尝试让班主任、学生、家长签订协议书，对这些学生进行特别帮扶。

协议书的格式如下：

我（学生）要努力实现以下目标：＿＿＿＿＿＿＿＿
我知道以下因素会阻碍我实现我的目标：＿＿＿＿＿＿
为了不让干扰因素影响目标的实现，我要做到：＿＿＿＿
如果我取得了进步，班主任、家长会对自己进行以下奖励：
＿＿＿＿＿＿＿＿＿＿＿＿＿＿＿＿＿＿＿＿＿＿＿
如果我违反了协议，我愿接受班主任、家长如下惩罚：＿＿
＿＿＿＿＿＿＿＿＿＿＿＿＿＿＿＿＿＿＿＿＿＿＿
评估时间：从＿＿年＿月＿日始，到＿＿年＿月＿日止。
三方签字：学生＿＿＿＿　班主任＿＿＿＿　家长＿＿＿＿
监督：××学校班主任

方法 10　举三反一法

优秀生与学困生在学习智力系统方面存在较大差异：从学习过程来看，前者适合"迁移"——能够用已有的知识、经验去学习新的知识，解决类似的新的问题，后者适合"积累"——积聚知识、经验、信息等并整合；从学习方式来看，前者侧重于知识的学得，后者侧重于知识的习得。因此优秀生的新知学习适宜"举一反三"法——演绎、探究；学困生的新知学习适宜"举三反一"法——归纳、验证。理由是：对学困生来说，通过大量信息的接收、积累，借助多元丰富、生动鲜活的正反案例，他们对事理的内涵与外延才能彻底把握，才能透过事理的表象看透事理的本真。对他们来说，只有先"举三反一"，而后才能"举一反三"。

方法 11　课前助学法

有的教师放学后，总是习惯留一些学困生，为他们"开小灶"——补课。当着全体学生的面，教师这样做，似乎不妥：一是会让学困生很没有面子；二是会让学困生产生一个消极的自我暗示，"我是学困生，我学不会，老师让我补课"；三是学困生看到同伴高高兴兴回家了，自己还得留下来补课，实在是心不甘情不愿。这样，补课成了老师"让我学"，而不是学生发自内心地"我要学"，导致补课时学生跟教师"斗智斗勇"。课后补课多数情况下是越补越差，越差越补，恶性循环。同时，学生还患上了"补课综合征""谈补色变"。鉴于此，笔者提出变课后补课为"课前助学"，科学的说法应为课前师生共同备课。具体操作方法概述如下：

放学后，当着全体学生的面，以到办公室有重要的事为由，留下一部分学生（主要是学困生，也包括一部分中等生，不让留下的学生一开始就产生消极的自我暗示）。召集学生到办公室后诚恳地对他们说："老师在准备明天的课，需要同学们帮忙看一下我哪些设计不合理。"旨在让学生产生一种"我在帮教师备课，而不是教师又逼我补课"的积极心态。试想：通过"课前助学"，教师对这些学生的"学情"已心中有数，再加上这些学生课前已听了一遍，课堂上二次消化后，哪还有不会之理。学生听懂了就想学，想学就能学会，这样就进入了良性循环——越"补"学困生越少，越"补"越不需要补，越"补"学生越自信。

方法 12 星级练习法

"星级练习法"是指学习巩固上次没有掌握的内容,简称只学不会的。具体讲,就是让学困生对作业、练习册、试卷上的错题标上星号,复习时只看标星号的题目,能熟练掌握的,就画掉星号,似是而非、含混不清的题目,立即再标上一个星号。依此类推。经过反复消化、巩固,学生没有掌握的题目越来越少,直至全面掌握。"星级练习法"的好处是,学困生避免了低级、重复的无效劳动,能立即找到自己需要巩固的题目,对症下药,这样,用时少而复习效率高。

方法 13 自我警示法

自我警示,是学生自我管理、自我教育的一种好方法。可制作自我警示卡,统一贴在学生课桌一角用于自我约束、自我激励、自我警示。卡片上的内容有奋斗目标、赶超榜样、座右铭、需要提醒改掉的坏习惯等。自我警示卡起到了对学生警示、日日提醒的作用。

方法 14 双向选择师徒结对法

对学困生的帮扶,我们还可采取师傅选徒弟、徒弟选师傅双向选择的师徒结对法。师徒结对的好处在于,为每个学困生都找到一位"小老师",这样"一帮一",效果是不言而喻的。为了弘扬同学互帮互助的学习风尚,学校有必要举行隆重的拜师仪式:徒弟向师傅献拜师茶,赠送拜师礼品,可以是一本书、日记本或小工艺品;师傅向徒弟回赠礼品,并赠祝福语。学校根据师徒二人进步幅度,评选优秀对子——"对对红"。此外,学校还要给予帮扶成绩突出的师傅以荣誉奖励。

38 学困生转化新视域

一、从课后转化学困生到课堂上不产生学困生

视角1：一次把问题讲（学）清楚（不做"夹生饭"）。忌语速过快，不留思考时间，看学生不会，重复多次。

视角2：步步讲（学）清楚。把每个问题的每一步讲（学）清楚。

视角3：对每节课涉猎的知识点，做到点点清。只有点点清，才能堂堂清。

视角4：重难点应在一节课黄金学习期内讲（学）清楚。

视角5：对课堂上易走神、溜号的学生，让旁边的提醒员及时提醒，助其聚精会神学清楚。

视角6：给学习困难的学生补新课，让其能听（学）懂，想听、想学，进而弄清楚。

视角7：关注学习的三个不等式：讲≠懂（从讲到懂必须以学生主动地学为桥梁）；懂≠会（从懂到会必须以学生科学地习为桥梁，即由懂到会需要用的过程）；会≠通（从会到通必须以学生独立地悟为桥梁），让学生学清楚。

视角8：就培养思维能力的成效而言，对一个问题从不同层次和维度开掘100次，比对100个问题各自浅挖一次效果要好得多。

二、从狭隘补课观走向新的转化观

理念1：教师对学生的爱没有增加，一切都不会改变。特殊学生给予特别的爱：可以跟孩子深度沟通，同其在校园散步谈心，可以帮孩子辅导功课，陪孩子在家（外面）吃顿饭，可以赠予孩子日记本、图书并写上祝福的话。建议：找时机、谈兴趣、认真听、不驳斥、多鼓励、再引导、创和谐、促成功。

理念2：改变教师情绪、学生情绪、同伴情绪，让学习高效发生。

理念3：解决学困生想学问题比解决会学问题更重要。

理念4：培优补差的主战场在课堂。

三、找准原因，对症下药转化

环境视角：

学生学习成绩不佳有很多种原因，比如：受到了家庭环境和社会环境的不良影响；缺乏自我管理能力，学校或家长又没有实施有效约束；不良行为习惯长期得不到纠正；得不到教师的重视与关爱，逐渐失去自信与动力；缺乏表达与展示的机会，开始自卑；有厌学情绪；等等。

学生自身视角：

知识断层；学习方法不科学；学习态度不端正；学习习惯没养成；学习品质差；等等。

学困生不完成作业（作业拖沓）的归因：书写障碍；懒惰；作业不会做，或者障碍太多；缺乏进取心；不喜欢这个老师；等等。

学困生学习马虎（正式考试考不好）的归因：心理素质差，心急、情绪不稳、害怕等；不善于综合运用知识；长时记忆能力弱；平时成绩并不真实；视觉障碍；思想波动；缺乏责任感；等等。

　　学困生偏科的归因：漏洞扩展；挫败感蔓延；师生关系紧张；等等。

　　可见，学困生成绩差的成因错综复杂，教师不能简单归因，错误归因，要学会理性分析，正确归因，以便对症下药有效解决。

39 有效培优的十条土办法、小技巧

一、引导优秀生多读书,提升阅读速度与质量,进而开阔视野,形成良好的阅读习惯与素养;引导多读名人传记类书籍,启动造梦、圆梦计划(由梦想倒推现在的目标并行动),以明确责任担当,树立改变世界的远大志向,产生强大的学习内驱力。——向阅读素养、内驱力要成绩。

二、逐步让优秀生找到适合自己的最佳记忆方式、思维方式,尤其是关注批判性思维、创新性思维生长;让优秀生熟练使用六项思考帽、鱼骨图、5R笔记法等思维与学习工具;让优秀生借助微视频、微课程提前自学自己感兴趣的课题、项目、内容,同时与志同道合的好友组建学习共同体,互相激励,共同成长。——向使用科学学习方法、优良学习工具要成绩。

三、关注优秀生元认知提升,关注自主学习、独立思考、倾听与表达、认真书写、规范答题、仔细检查等系列品质、习惯养成。——向元认知改善、好习惯养成要成绩。

四、课堂上不让优秀生陪学。比如,课堂练习时,同类型题普通生做两道,优秀生做四道;普通生用一种方法解,优秀生用多种方法解。——向课堂上不同学要成绩。

五、课外作业不陪练。简单的会做的题可以免做;为优秀生征订

购买有一定难度的练习册,设计有跨度的综合性作业。——向练习不陪练、高难度要成绩。

六、让班级或年级优秀生组成命题小组,出单元或月考试卷,并提供答案;或面向优秀生征集优秀试题,入选月考试卷的在试卷上注明提供者姓名与班级。——向体验学习愉悦感、成就感要成绩。

七、让优秀生研究课标,研究考纲,研究评分标准,研究试题,明确考什么,怎么考,怎么评。——向知己知彼、翻转迁移要成绩。

八、优秀生早读高要求,晚自习设独立钻研区。按规定完成共同的早读目标后,不等教师提醒,立马启动拓展记忆,不浪费一分一秒。晚自习设独立钻研区,遇到问题尽量独立钻研、独立思考。——向高自觉、高要求要成绩。

九、针对要求记忆的知识点,让优秀生之间互相提问,以尽量难倒对方为目标,如此通过对知识点的地毯式轰炸,确保无知识遗漏和盲区;对理解、创新类内容,让优秀生互留作业,互批作业,互助学习。——向优秀生之间优质合作要成绩。

十、教会别人是最有效的学习,让优秀生提炼概括并向全班介绍学习方法;尝试指导优秀生备课,让优秀生替代教师讲课、讲题。——向教会同伴并与同伴分享要成绩。

40 优秀生对学困生学业帮扶成效不大这个问题如何解决

为了提升教学质量，教师课上或课后多采取让优秀生去一对一帮扶学困生，可实际效果多不太理想，症结何在？如何破解？

我认为主要原因如下：帮扶理念扭曲，让帮扶变味；帮扶者没选好，优秀生多采取模块思维，与学困生思维不在同一层次，反而教不会；帮扶热情高，但帮扶没有方法或方法不对头；被帮扶者等靠依赖思想严重，不主动或不配合；缺少激励机制，帮扶者没动力或前热后冷。

破解策略是实施一对一师徒双向选择结对帮扶。具体措施如下：

1. 让全体学生树立新的帮扶观

帮助别人是一种美德，接受别人的帮助不是没面子，更不是丢人的事。

帮扶者与被帮扶者应互相感恩。帮扶者不要有道德优越感，要发自内心地感恩被帮扶者为自己提供了一次帮助别人、提升自己思想境界的机会；被帮扶者更要感恩帮扶者真诚、无私地帮助、指导自己。

选择合适的方式及时帮助别人或寻求别人的帮助。在不伤害对方自尊、对方又乐于接受的基础上恰当、耐心地帮助；帮助不是代替别人做，更不是可怜别人；帮助不是只要结果，不讲过程，不算投产比，不要把帮助做成施舍。

帮扶重心不在扶知、扶技，而在扶心、扶智、扶志。

帮扶者与被帮扶者不能拉郎配，应双向选择。

帮扶别人是个技术活、专业活，不是仅靠热心就能做好的，否则会好心帮倒忙。对想帮扶别人的人要进行专业培训，帮扶者要持证上岗。

帮扶者对帮扶对象不要过分主动、热心，不能让被帮扶者产生依赖心理，产生等靠要思想，更不能让其产生心安理得意识——"当帮扶者有理、当帮扶者光荣"。帮扶者要树立没有正当需求不主动帮扶的新帮扶观，即不问不教。

2. 遵循如下帮扶机制与流程

（1）选择中等生做师傅，帮扶过程也是中等生温习、深层理解的过程。

（2）师傅候选人与徒弟比是1.5∶1。

（3）师傅与徒弟双向选择。

（4）教师对小师傅进行帮扶技能、方法培训。

（5）教师对徒弟提出相关要求。

（6）举行隆重的拜师仪式，师徒互赠礼品。

（7）期中、期末对优秀师傅、优秀师徒进行表彰。

（8）召开师傅帮扶、徒弟学法经验交流会。

41 主科堂堂清、日日清、周周清、月月清怎样落实

一、改变认知，建立协调机构，纳入考核

1. 认识四清的意义：问题的积累产生学困生，只要问题不积累，就不会有学困生。

过程控制效应：$90\% \times 90\% \times 90\% \times 90\% \times 90\% = 59\%$。学生学习知识的过程是由一个一个细微的环节串联而成的，每个环节都以上一个环节为基础，各个环节之间互相影响，以乘法为基准产生最终结果，而不是百分比的简单叠加。如果学生不认真对待每个环节，对出现的问题不及时解决，每一个环节都有点小问题，那么，环环相扣的一系列环节结束后，看上去很不错的 90 分最终带来的结果是 59 分——不及格。过程不能打折，要做就做到 100%。

2. 构建评价体系，把四清纳入月教学绩效成绩考核：堂清占 20%、日清占 20%、周清占 20%、月清占 40%。

3. 教导处设立四清督查办公室，命专人负责，出台四清达标标准及奖惩措施。

二、明确四清核心要素，建立四级监控体系

1. 四清核心要素：谁来清，什么时间清，清什么，怎么清，清的

标准是什么，没有清怎么办。

2. 四级实施监控反馈体系：堂清，任课教师组织实施，备课组组长督查；日清，备课组组长组织实施，年级学科组组长督查；周清，年级学科组组长组织实施，学科教研组组长督查；月清（月考），学科教研组组长组织实施，包级领导、教导主任督查。

三、主科堂堂清怎么落实

堂清是日清、周清的基础。堂清做不到，日清、周清就成了无源之水，无本之木。

清什么？双基内容。

怎么清？最后五分钟设达标检测环节。

怎么落地？要想保证堂清，从三个方面着手：

课前尽量采用翻转备课，依据考什么来确定讲什么、练什么。

课中要做好小三清：步步清、点点清、题题清。低起点，小步子，快反馈，多训练。例题设计要统筹考虑范例、同例、变例、仿例（自己出题），正向思维、逆向思维、特殊思维、综合思维，即四例四维。讲一个知识点，练一个知识点，再讲一个知识点，再练一个知识点，最后再综合训练。采取"学一退三"策略，从基础补起，慢慢讲，一步说明白后再说第二步，即步步清；一道题从两个角度讲，第一遍讲做法，第二遍从思维视角归纳概括思路方法步骤建模，从这道题怎么做提升到这道题还可怎么做，这道题还可怎么问、怎么变，这道题可归入哪一大类，一题多变，一题多问，一题多解，题组训练，多题归一，即题清。一题快速讲多遍，不如慢慢讲一遍；用一种方法讲多遍不如用多种方法讲一遍。对重点题，教师讲后，让中等生讲，最后让学困生复述。每节课还要留三到五分钟当堂达标检测，限时独立完成。

课后要求学生把课堂粗略笔记整理成详细笔记，借助 5R 笔记法复习强化。做作业也要限时，遵循复习—做题—检查流程。错题采取找错因—规范订正—找同类题巩固—概括涉及知识点—还可怎么变五步纠错法多次消化。

对于未清的学生，采取第二天中等生提问、未清学生爬黑板方法去补清。

关于堂堂清，华东师范大学教育研究院的房涛主任的论述值得借鉴，现摘录如下：

课堂教学中要想真正地做到堂清，必须做好"课堂小四清"：

点点清。每个重要知识点学生学习过后或老师讲评后要给 50—60 秒让学生整理一下，或记忆背诵一下，然后通过集体背一下进行检查。

步步清。重难点题目的解答思路步骤，课堂教学时要做到步步清。具体操作如下：（1）讲评时要引导学生思考，并讲清此题解答思路的起点是什么（破题的"题眼"是什么），是如何找到的，是如何破题的。（2）解题的思路步骤是什么，每步的依据、由来是什么。每一步都要让学生知其所以然，建立起逻辑顺序，让学生理解、明白，有的甚至要记住，不明白的地方要重讲。（3）此题的关键点、注意事项和易错点是什么。这三条要反复强调，变着方式强调，即一定要强调到位，这是确保课堂教学效果最重要的一步。

题题清。题清的主要措施有：（1）讲完一道重点、难点题目后，老师要把解题思路、步骤、关键点、注意事项和易错点再给学生整体梳理一遍，重申一下，以便帮助学生对此题建立起系统的结构意识。切记：解题思路步骤化、程序化是提高学生解题能力的关键。（2）重难点讲评完后给学生50—60秒，把此题整理一下，即把此题的解题思路、步骤、关键点、注意事项及易错点归纳总结一下。（3）进行检测，并讲评检测题，重难点题目讲评后，进行变式题训练或通过类似的检测题检测一下，并对做错的检测题进行讲评，使学生掌握。

人人清。人人清的主要措施是：（1）对重难点进行教学时，要进行"二次追问"，时刻了解学情和变换讲评方式，力争做到人人清。（2）课后重做一遍。下课后学生要把课堂上老师讲评的重难点问题或自己的错题再重新做一遍，这样才能防止"假会"，才能防止一听就懂一做就错的情况出现。重做不会的要重新看一下笔记，把此题再辨析一下，琢磨一下，弄懂吃透，或向别的同学请教，并且周末要再做一下，直到自己完全独立会做为止。（3）下课前五分钟（学生复习整理的时间），老师要进行最后一次追问："还有不懂的地方没有？有的同学请举手。"老师对有不懂地方的同学进行个别指导与点拨。

四、主科日日清怎么落实

要清的是当天学的基础知识，包括生字词、概念、公式、题型、重点语法等，分双基清、专项清两类。日清内容年级学科组组长审核把关。

清的方法：每天语数英有固定时间（日日清自习），每门15—20分钟，先整理笔记复习背诵，再采取背默考试方式进行。也可采取本组组长提问、组长跨组提问、两小组一对一互相提问的方法。日清由任课教师具体实施。

学校要规定清的标准。出错较多的内容滚动到下次；对不会写或写错的内容学生要强化练习（如语文，不会写的词语再写三至五遍；如数学，错题要订正，再找同类题巩固）；班级设立学科日清督查员若干名，未清学生要找日清督查员过关。未清补救是日日清的关键。

五、主科周周清怎么落实

清什么？日清中易错易混内容，考试中常见重点题型。

怎么清？一是以年级组为单位编制周双基清单，落实到每一天，让学生课外向高一级学生或老师展示，夯实双基。

将本周内学生易错易混及重点题编制成试卷，让学生星期天重点复习。星期一到校后集中考试。

未清怎么办？多印20%的试卷，让周周清未达标的学生补考。

六、主科月月清怎么落实

月月清又称月考，各校都有一套成功经验，在这里我重点提醒四点：

一是要对月考命题质量、导向性把关。为了绩效考评及提升教学质量，很多学校每学期至少要进行四次考试——两次月考、期中考、期末考，除期末采用区县教研室命制的试卷外，其余三次考试均为学校自主命题。笔者发现，许多学校命题教师因对课标把握不准、考试改革动向不明晰、手头资料有限，再加上自身素养所限，命题质量不佳，起不到引领导向作用。试想，若把握不住重难点、把握不准试题走向，考试次数再多也起不到应有作用。因此，尽量请专业人员出题。

二是借助月考进行认真书写、规范答题、仔细检查强化训练。

三是关注试卷讲评，让学生写考后分析，并进行星级复习强化。学生考后分析主要包括成绩评价、影响成绩的主要因素、采取的措施等。当然也可评后再考，力争达到考后一百分。要求学生把有代表性的错题整理到错题本上，采取1（当天）3（隔一天）7（一周后）1（一月后）只看（学）不会的题的"1371"星级训练。

四是关注考核的科学性。有些学校对教学成绩的考评不科学，低层次的不论试题难易，只比较分数高了、低了，或只评比平均分，不看优秀率；中层次的同一级部比较，依名次评价教师，发放绩效。若某一级部优秀教师扎堆，另一级部恰好是新手或弱教师扎堆，前者最后一名在全县名次甚至比后者第一名还要好，那么照此标准评价显然是不合理的。另外，不考虑分班不均衡或接班差异去考评教师也是不合理的。显然，单纯按成绩考核有失科学性，实践操作中应根据情况综合考虑。

42 "四清"解构与升级

一、四清的作用功不可没

蔡林森老先生在"没有教不会的学生,只有不会教的教师"这一理想教育价值观追求感召下,首先在洋思中学探索了"先学后教、当堂达标"课堂模式,后又提出了特别重视反馈的堂堂清、日日清、周周清、月月清俗称四清的策略,一线教师感觉提升质量有了方法与抓手,这对当时推动全国课改尤其是对夯实双基起到了功不可没的作用。单从夯实双基视角看,四清现在也不过时。

二、对四清的再思考

我想围绕"为什么清、清什么、怎么清、清不了怎么办?"来谈谈我的新认知。

当前一些校长、教师在运用、执行四清时,沿用固化思维,没有从传统双基时代跳出来,没有考虑三维目标、核心素养时代新要求,存在机械照搬、套用现象,导致出现了固化、异化诸多问题。

清的角度窄。紧紧围绕注重知识点识记、理解、应用、掌握的双维目标来设计四清内容,即清的是知识点掌握,对方法、思维、学科素养考虑得少之又少。

要求、达标一刀切。新课标考虑学生学习起点不同、目的不同，倡导人人学"有用"的知识，人人掌握"必需"的知识，不同的人学习不同的知识，因材施教，因人施评，选择性异步学习。而有些教师把学生学习当作工厂流水线上的产品，不合格可以回炉直至达标。从这个角度讲，整齐划一没必要，也有一定难度。

不利于学生问题意识养成。一些教师本着不允许问题存在的意识去四清，把孩子"没有问题"作为目标，长此以往，孩子就缺少了问题意识、质疑意识、创新意识，在新的不确定情境中自主学习、主动探索、解决问题的素养就非常欠缺。

单元整合、项目学习难落实。学科核心素养落地，需要实施大概念教学、追求理解的教学设计，更需要单元整合、项目学习这个载体与平台。同时学科核心素养目标不是一节课就能达成的，需要以单元为单位统整与实施。若学校以课时为单位来组织四清，岂不是束缚了教师的手脚，让教师戴着镣铐跳舞？

三、四清需要迭代升级与重构

鉴于上述对常规四清的分析，考虑到基础教育已进入落实核心素养新时代，笔者认为四清也需要优化完善、迭代升级、重新定位建构。

从优化完善视角看，一是赞成问题可暂时贮存、以三日清为小周期的观点。学生当天搞不懂的问题，可以滚动到第二天，第二天搞不懂的还可以继续滚动到第三天，只要第三天能想出办法解决即可。其实，很多学生刚开始学的时候不懂，过了一晚上，可能会顿悟；或者学习后面知识时，回看前面不会的题，一下子就明白了。不追求日日清，设有问题缓冲、待存期，定能减轻学生的学习压力和消极厌学情绪，让学生积极投入到后续学习中。今日学不会，不等于明日学不会；当时学不会，慢半拍能学会；后面能学会，有助于学习前面不会的。

二是建议以周学习目标统领日清、周清。

目标是学习进程的导航仪、指南针，过去教师多考虑并告知学生一节节课的课时学习目标，师生只见树木，不见森林，缺少整体观、系统观，于是单元整体建构应运而生，主张系统设计单元目标，但实践证明单元目标实施与达成周期过长，不便于阶段性把控与检测，为此，笔者接纳相关学者建议，提出设置周学习目标统领日清、周清设想。

周一提前告知并分发周学习目标报告单，包括学习目标、知识框架图、达标检测题，即出标。周一至周五制定并实施一周学习流程图，完成课时学习目标，即达标。星期天可利用周学习目标报告单校标，并画出周与周所学知识之间的结构图。

从重构视角看，笔者主张在反馈评价链条构建上探索堂理、日思、周问、月用新视角。

堂堂整理。课堂上留写学习整理卡时间，梳理知识点、认知策略、学习策略，记录课堂存疑问题及课后新问题，围绕所学内容创编习题等。

日日反思。引导学生暮省、反思：今天我学到了什么？用什么方法学的？解决问题时我积累了什么经验？遇到了什么困难？我是如何克服的？即让学生从知识系统、认知策略、元认知策略三维视角去暮省、反思，促使学习能力提升。

周周新问。学完本周内容，你又产生了什么新问题？你能用所学解决生活中什么问题？让自主学习、深度学习在课后发生。

月月有"成果"——学习成果单。内容可以是对教材的认识和理解,可以是个人观点陈述,可以是应用之后的新见解与创造,当然也可以是动手制作"产品"。

方法与工具篇

43　小学语文教学实用微创意 18 条

笔者吸纳专家主张，经过思考，归纳、提炼出了小学语文教学的 18 个微创意。这些微创意经实践证明非常接地气、有效，被一线教师称为干货、行动指南。

1. 拼音转盘、拼音名字卡、拼音打字

拼音转盘。声母一个大盘、韵母一个小盘，中间固定一根指针，转动大盘与指针，让孩子拼读。类似创意还有拼音跳棋、拼音头饰，让孩子玩中学拼音。

拼音名字卡。为班里每一个孩子打印一张带拼音的名字卡贴在课桌一侧，可自拼、互拼、全班拼，让孩子在练习中感受到拼读识字的乐趣和成就感。

拼音打字。让孩子既练习拼音，又掌握一些电脑、手机使用功能。

2. "574" 读写记拼音

五步分解动作读拼音：学生看教师口型（仿口型）；教师示范拼读，学生用心聆听；教师大声拼读，学生跟着小声拼读；教师大声领读，学生大声跟读；学生自己练习拼读。

七步分解动作写拼音字母：让学生观察拼音字母在四线三格的位置，闭眼想象位置；教师在四线三格中规范示范（先分笔画书写，再整体书写），学生用心观看；教师带领学生书空练习；学生描红；字母笔顺写正确；拼音字母写好看；写得又对又好看。（注：5、6、7步目的各不同。）

四段记忆拼音字母：依据遗忘曲线规律设计3321科学记忆法，即当天让孩子在拼音本上写3遍，隔一天让孩子再写3遍，星期天让孩子写2遍，一个月后让孩子听写1遍。

3. 写字练习三要求

学生整体观察生字的结构，看一到两眼把字写完；尽量不用橡皮；写生字每次不超过三遍，第一遍写对，第二遍写好，第三遍写得又对又好。

4. 生字词重新界定，音、形、义不平均用力，用好字词黑名单

生字词不仅指课文后面所附的生字词，还应包括学生自己不认识不熟悉的字词。

每次布置写生字，务必要打乱生字排列顺序，这样就可避免首尾效应所造成的"开头、结尾能记住，中间记不住"弊端。

字词黑名单。进行周、月生字巩固时，先听写，学生不会写的画圈代替，然后让学生对照生字表，把不会写的、写错的整理出来（字词黑名单），有针对性地进行强化训练。这样就减少了大量无效劳动。

教师可将单元、整本书的生字依据课标及考试记忆易错易混视角，按音、形、义进行分类，这样让学生在一个字音、形、义上不平

均用力，实施重点突破、强化。

多音字可按音组词，用所组的词组成一句（段）话，越短越好。

把所学生字放在新语境中巩固。

5. 写错别字说明书、一词造三句、教学生解释词语的方法

写错别字说明书。若学生经常写错别字，订正后还重复犯，可尝试让学生写错别字说明书。比如把什么写成了什么，这两者有什么不同；又比如偏旁、部首的意思，这个字可以组什么词，别字可以组什么词、用在什么地方等。实践证明，效果不错。

一词造三句，造有意境的句子，并尝试组词成段。一词造三句指的是要求学生用上规定词语分别造一个陈述句、疑问句、感叹句。批改时对造得有创意的给予加星奖励。组词成段指给三至五个词语，让学生尝试用上这些词语写一段话。

教给学生解释词语的十种常用方法：

词素组词法，如：宽阔——宽敞、辽阔；幽香——清幽的香味。近义词、同义词解释法，如：休憩——休息，竣工——（建筑物）完工。反义词解释法，如：紧张——不镇定；懦弱——不勇敢。种属解释法，如：机枪——一种现代兵器。比喻解释法，如：血洗——像用血洗了一样，形容残酷地屠杀人民。功能解释法，如：马虎——形容做事不认真。下定义法，如：学者——在学术上有一定成就的人。描写说明法，如：忸怩——不好意思或不大方的样子。关键字解释法，如：漠然置之——漠然，冷淡，不关心；置之，把它放在一边；漠然置之，指对人对事物态度冷淡，毫不关心。联系语境法，如：落第——科举时代应试不中叫"落第"，这里指考试不及格。

6. 背默训练段落到词，古文要正向训练、逆向训练相结合

首先明确范围，依课文填空这一部分主要考的是整本书中要求背诵的文章或段落；其次，教师要把其中的重点词语（包括关联词）勾画出来；第三，对子之间互相读写监测，对自己写错的部分重点关注。提示性默写古文，一是给提示语让学生写句子，即正向训练；二是给句子，让学生拟提示语，即逆向训练。

7. 古诗创意朗读七法

引起学生兴趣的古诗创意朗读七法：平仄读；句（字）二重唱读；回声读；顶针读；唱读；配手势读；情景表演读。

8. 课堂上四种微创意读书法

（1）换书读。同桌组成两人朗读合作小组；朗读之前同伴互换课本，下一步学习时都使用对方的课本；朗读时，学生在对方的书上标出对方的错误，即学生 A 朗读时，学生 B 要将学生 A 的错误标在学生 A 的课本上；朗读结束后，彼此对对方的错误进行统计并告知，同时将书还于对方；再次朗读，关注同伴标注于自己课本上的错误。

朗读是一项重要的基本功，但丢字、加字、错字等小问题却让人头疼，在课前同伴互相检查时使用本策略，会收到意想不到的效果。

（2）未喊停继续读。过去教师让学生读书，发出的指令多为：谁读完，谁坐好！因优秀生、学困生读一遍，有个时间差，优秀生读完，学困生往往还得读一大会儿，导致优秀生干坐，时间白白浪费。鉴于此不妨进行如下改革：只要老师未喊停，学生读完还可继续读，能读几遍是几遍，这样就解决了优秀生"陪学"问题。

（3）陪学困生一块读。当看到班上还有少数几个没有读完时，教师可发出这样的指令：同学们，老师看到班上还有学生最后两段未读完，现在我提议读完的同学陪未读完的同学一块把最后两段读一下。这样既不伤学困生自尊，又让学困生把书读完了。

（4）随机停顿抽学生读。教师往往习惯于点一个学生起来读完一个或几个完整自然段后，再挑另一个学生读下一个或几个自然段，听读学生时有精力不集中、分神现象。对于这个问题，有本书上讲可以这样破解：告诉学生，老师说停，下面挑到的学生接着往下读。要注意的地方有两处：一是挑学生没有规律，随意挑；二是不是读完整段喊停，可以读三五句就喊停，也可能是一个自然段读完喊停，即读得长短也是无规律、随机的。这样学生一点也不敢分神，否则就不知道从何处接读。

9. 研读教材三意识，问题设计要三思

研读教材三意识：文学层面意识，单元、课标要求意识，学生学情及最近阅读区意识。

问题设计要三思。一思写了什么、怎么写、为什么写、元认知提升四类问题比重。二思设计需要深度学习、高阶思维的探究性主干问题。三思：问题的表述要规范、严密、通俗，不能让学生不知所云或产生歧义；重视问题之间链条、系统的构建；关注思维方法、问题解决系统与问题系统的对应。

10. 教师揣摩怎样出题、答题

选取往年一组课外阅读材料，让本年级教师阅读思考：假若你是出题者，你会怎么出题，选用哪些技巧？你拟定的参考答案是什么，

用到了什么样的解题方法？然后，小组分享，选出优秀命题者，让其分享命题依据及考查要点；呈现教研员出的题及参考答案，揣摩命题人如何设置陷阱、选哪些内容命题等，并对比自身找差距，思考症结所在。

11. "六·三"预习

"六"指：自学生字；朗读课文；联系上下文、查字典理解词语；说说课文写了什么；思考课后练习，在书上做好批注；提出问题。

"三"指三读三问：语文预习中三读可稍变更一下，让学生在读完第一遍后提出自己感兴趣或不懂的问题；读完第二遍后要求学生尝试解决第一次提出的问题，并第二次提出问题；读完第三遍后要求学生尝试解决第二次提出的问题，并第三次提出问题；最后将自己不能解决的问题整理出来，确定最有价值的问题，在小组内交流。

12. 课外阅读指导课五种新形态

（1）混龄阅读：让不同年级的孩子在同一教室同读一本书，然后互相分享阅读收获。

（2）翻转阅读：先让学生看一部名著改编影视作品片段，后问学生，"你认为编剧尊重原著吗？演员塑造好人物形象了吗？能从原著中找出依据吗？"

（3）互为解读阅读：对一主题如节俭，可让孩子有意识地整理古诗句、国学名篇中的名言警句，在阅读指导时不解释句或段的意思，而是介绍此主题的其他表达，让它们互为解读。如此，学生也学会了多元表达。

（4）重读：随着年龄增长、心智成熟、审美体验积淀、生活阅历的丰富，重读读过的童话故事、名著等，定会发现新的风景，定会有新的收获、感悟。

（5）屏读：e读写是一个新兴概念，较传统纸笔时代读写形式、风格、内容有明显不同，它包括微信、微播、短消息等新媒体，包括微视频、微电影、微广告等新文体，包括语音、文字、图片、动画、背景等多元素杂交的屏读、屏写。屏读、屏写已成为人们交流新常态，e读写理应纳入语文读写学习范畴，我们要树立大读写观，让孩子体验与分享e读写。

13. 低年级提前写作，高年级变传统笔写日记为语音日记展播

要求一年级下学期坚持每天写一句话；二年级坚持每天写一段话，不会写的字词用拼音代替；三年级坚持天天写有主题、字数要求的日记，字数百字起步，每升一级增加五十字，可以是生活日记、观察日记、随感日记，也可以是读写结合小练笔微点日记、教师命题仿写日记、自由命题日记、学科应用日记等。

让高年级学生借助手机语音转换软件或微信自带的语音转换功能，把学习生活趣事记录下来，这样三五分钟即可完成，大大缩短了写日记的时间。之后，从中选择优秀的日记制作成美篇转播分享。

14. 建立作文素材库，开展社会、时政信息交流

把每天听到、看到的事用一句话分类记录下来，建立作文素材库。

每周开设社会时政信息交流课，以新闻概述、个人看法播报等形式进行碰撞交流。

15. 语文日行四一工程

开展练字工程。每分钟写字不少于十个，要求又快又好。

开展阅读工程。提倡读整本书，读经典；超额完成小学、初中课标规定的课外阅读量、背诵任务；加强学段阅读统筹规划。

开展写二次作文工程。教师必须上作文讲评课，学生必须写二次作文，吸取他人长处，旨在原来基础上有所提升。

开展积累（运用）工程。十万箴言装胸中，满腹经纶定乾坤。对国学名篇、古诗词、名言警句、成语等开展背诵积累十万字工程。

16. 构建生活—思想—写作技巧的后作文教学时代

纵观当前作文教学公开课、论文、专著，多注重结构、线索、手法等，翻阅学生习作，文辞虽华丽，却多无病呻吟空洞无物。作文不能表达作者的思想、观点、见解，这是作文教学的悲哀。我们的主张是：思想观点比写作技巧更重要。让学生关注鲜活的生活，去提炼、概括自己的认识、见解和主张，我手写我思，我手写我心，我的主张我表达，也就是说首先引导孩子们去关注鲜活的生活，让孩子们产生强烈的表达欲望与冲动，这是写好作文的前提，即构建生活——思想——写作技巧的后作文教学时代。

17. 将阅读积累转化为写作优势

许多同学在课内外阅读中学习了许多写作技法，积累了大量读书笔记，背诵了很多名篇名段，然而翻看学生作文，乏善可陈，味同嚼蜡。

如何将学生阅读积累转化成写作优势？

（1）课外读书笔记改革。读书笔记一般包括摘抄、赏析、仿用、仿写等。摘抄：好词、好句、好段、好篇、好结构。赏析：可从修辞、描写、结构、中心、立意等视角赏析摘抄内容好在什么地方。仿用：指出摘抄句子可用在什么类文章中，可化用、套用一段。仿写：模仿摘录内容写一段。

（2）课堂读写结合。建议依据课标找出本年级教材习作训练点形成体系，采用微点作文训练形式落实读写结合。

引导学生正确流利有感情地朗读自己的习作，从语言、修辞、描写、结构、中心、立意中选择视角赏析自己习作好在什么地方。

构建阅读—赏析文本—写作—赏析阅读自己习作的完整链条，让课内外阅读、积累、写作有效融合。

18. 听说读写能力新架构——听、述、讲、创、演故事链

针对小学语文教学听说读写分离的现状，同时为了培养小学生的想象能力、创新能力等学科核心素养，可尝试听说读写能力新架构——听、述、讲、创、演故事链。

（1）听教师讲故事阶段。对教师讲故事的要求有三点：一、教师要明晰所讲故事属于英国的皮尔·克贝特老师归纳总结的十种故事模型（解决问题的故事、探险故事、警告故事、袭击故事、许愿故事、仿写故事、变形故事、灰姑娘的故事、人物故事、挑战故事）的哪一种。二、借助肢体动作、面部表情、一定道具能绘声绘色地讲故事。三、能画出人物、线索、故事情节的思维导图。

基本流程：教师绘声绘色示范讲故事（听）；学生依据思维导图初步复述故事，然后补充完善二次复述（说）；课后将所复述故事记录到作文本上（记）；印发故事文本，让学生修改、补充、完善作文

本上记录的故事（写）。

（2）学生自己讲故事阶段。学生自己选择感兴趣的故事（读），要求尽量不重复；每次让二至三个学生上台讲故事（听、说）；台下学生尝试用记录故事低、中、高三套模板或思维导图记录故事（听、记）；台下学生选择自己最感兴趣的一个故事上台复述（说）；课后把听到、复述的故事记录下来，并依据原故事文本加以修改（写）。

（3）指导学生个人创编故事、讲故事阶段。本环节是难点，英国皮尔·克贝特老师的十种故事模型，可以为学生提供写作框架。可让学生参考以下方式进行：讲故事＝（渴望＋困难）冲突＋（采取了一系列）行动＋（大团圆或意想不到的）结局＋（用感同身受的语言来表达）情感＋（用肢体动作来表达）展示。

基本流程：每周选择一个模型教师详细解读；学生发挥想象，自由创编（写）；同伴互助、小组学习，进行修改、完善（改）；尝试把该故事绘声绘色地讲出来（说）。

（4）以小组为单位把故事演出来阶段。每双月选择小组创编最佳故事，把故事搬上舞台演出来。

基本流程：推荐、评选小组创编最佳故事；将故事改编成剧本；组员依照兴趣竞聘导演、美工等；导演分配角色排练；正式汇报演出。

前三个阶段注重培养的是学生的语文学科素养，最后一个阶段上升到重在培养跨学科综合素养。

需要说明的是：每周需要拿出一节语文课，有些环节可放在星期天进行或与选修课程、综合实践活动结合起来；要求学生一周至少学会讲一个故事，每月至少创编一个故事；定期开展班级、年级、校级创、讲、演故事比赛；可以以周、月、学期为单位评选讲编故事能手、故事达人、故事大王;编印孩子创编的《学校一千零一个故事》。

借鉴别人经验,可以缩短自己的探索历程,少走许多弯路,关键是能有效提高课堂效率。故建议上述策略不妨一试。

44 十个加速记忆的小技巧

技巧一　重复记忆

内容不是一次记住的,需要按照遗忘规律重复、强化,比如采用"3321"退火车皮法、"1371"巩固法等,把短时记忆变成永久记忆。

技巧二　模块记忆

工作记忆一次最多处理七个信息(模块),如果把零散的信息,整合成一个个有意义的模块,"工作记忆"就可以处理七个模块信息。

运用1:学生写生字时若看一笔写一笔,会造成写的字记不住也不美观,写字速度还慢。因此尽量让学生在细致观察基础上整体书写记忆,避免碎片化建构。

运用2:若某节课单词过多,可五至七个单词为一个记忆模块,这样记忆效率会提高。

技巧三　变换首尾记忆

记忆内容多时总会出现开头、结尾能记住,中间记不牢的现象,这就是首尾效应。

布置记忆一个单元乃至整本书的知识点时务必变换顺序,如倒记、从中间到后再到前、从中间到前再到后，任意变换，旨在破解首尾效应，不仅开头、结尾记得牢，中间也不遗忘。

技巧四　重点记忆

不平均用力，只记自己不会的。

进行周、月生字、单词巩固时，先听写，让学生把不会写的画圈代替，然后让学生对照生字表，把不会写的、写错的整理出来，有针对性地进行强化训练。这样就减少了大量的无效劳动。

技巧五　选择适合自己的最佳方式组合记忆

关注学生记忆方式的差异，让学生选择适合自己的最佳方式组合诵读记忆，可大声读，也可小声读甚至默读；可坐着读，也可站着读甚至选择位置读；可在室内读，也可在室外读；可个人读，也可对读、群读；可先读后写，也可边读边写；可借助关键词、逻辑关系等寻找规律读记，也可借助思维导图读记；等等。

技巧六　主动回想记忆

主动回想比被动重复效果好。

以背诵为例，学到差不多的时候最好先放一放，然后用心去回想刚才读的内容。阅读加背诵，效果好过纯粹阅读。专家通过实验发现阅读和背诵的最佳比例是 3∶7。可见记忆的最好方式是"回想"，而不是反反复复阅读相同的内容。

技巧七　变换情景记忆

大脑在储存记忆的时候，会同时储存学习知识时的背景，变换背景学习，关于知识的提示就会相应增加，也就给记忆提取提供了更多机会。可见，合理安排学习环境，是提升记忆力的一个法宝。

适时更换学习环境，学习效率要比在一成不变的学习环境中学习高40%以上。学生在愉悦情绪中记忆的内容很容易回忆起来。

技巧八　借助考试记忆

先考试，后学习。人的记忆具有存储强度和提取强度，对于大脑来说，越是需要努力获取的记忆，越会增加存储和提取强度。而考试使得大脑从记忆中提取已经学过的知识要付出比一遍遍重读更多的努力，而这份努力会让大脑记得更牢。所以说，先考试后学习，对于知识的记忆来说，作用非常明显。

技巧九　过脑记忆、冥想记忆

过脑记忆。学习的时候你一眼就能看"明白"的内容会让你误以为自己已经"掌握"了。这就是"熟练度错觉"，即你以为既然现在一眼就认识，那就说明自己已经弄明白了，记住了。熟练度错觉会在潜意识中自动形成，因此要小心下面这些容易强化这种错觉的"学习方法"：画荧光线、再抄一遍笔记、刚刚学过紧接着就复习一遍。这些大多是被动的、不过脑子的学习，学习效果堪忧。相反，你需要让脑筋动起来，比如说考考自己，或隔两天再复习，这样才会真正帮你提升学习效果，并暴露熟练度错觉的所在。

冥想记忆。课堂学习结束前留三到五分钟时间让学生闭上眼，静下心来，对当堂课所学内容过一下电影，让所学内容从工作记忆变成长时记忆，若晚上睡觉前对当天所学内容再进行冥想，就可让白日所学从浅层记忆变为深层记忆。

技巧十　用思维导图、5R 笔记法工具去记忆

把需要记忆的文字加工成一幅有逻辑结构层次的图片,让左右大脑同时参与记忆;用记录—简化—背诵—思考—复习 5R 学习法来强化记忆。

记忆相关概念、原理、公式、生字词等基本知识,是理解、运用、创新的前提。学生记不住或记忆效率低决不单单是学习态度的问题,很多情况下是因为缺少科学记忆方法植入与运用,上述十个记忆小技巧,可助你一臂之力。

45 让初中生学会学习的九个小技巧

对名校学生进行抽样调查,不难分析得出一个共性结论——尖子生"会学习",为此,笔者研究有关资料并结合自己的思考实践,特整理出了初中生学会学习的九个小技巧。

技巧一　规则建立——好习惯

四个好习惯:两本一习一做作业程序。

人手一份错题本和好题本。可一本两用,正面是错题本,背面是好题本。错题本上的问题采取六步纠错,好题本上的精华题要七品。

学习新课之前一定先预习。比如语文可进行"六·三"预习。

先复习后做作业,做作业时不能翻书、看资料、笔记,更不能看标准答案;做作业要计时(限时训练),时刻关注速度与准确度这两个指标。

技巧二　计划管理——有规律

1. 长计划,短安排,月—周(星期天)—日—课前饭后,构成计划链条,贵在执行,贵在坚持;计划要切实可行,实施后要修订。

在制定一个长期目标的同时,一定要制定一个短期目标,这个目标要切合自己的实际,通过努力是完全可以实现的。最重要的是,能约束自己，抵挡住各种影响学习的负面干扰。如此，那个"大目标"才会更接地气，这就是"千里之行，始于足下"。

2. 挤时间，讲效率。

重要的是进行时间的通盘计划，制定较为详细的课后时间安排计划表，严格遵守，坚持下去，形成习惯。

计划表要按照时间和内容顺序，把属于自己支配的时间，比如吃饭、休息、学习时间安排一下，学习时间以四十五分钟为一节，中间休息十分钟，下午第四节若为自习课也列入计划表内。

技巧三　预习管理——争主动

读：每科用十分钟左右的时间通读教材，把不理解的内容标记好，明天上课重点听。

预习的目的是形成问题。带着问题听课，听课就有了明确的目标和重点，学习效果自然差不了。所以，发现不明白之处要写在预习本上。

写：预习时将模糊的、有障碍的、思维上的断点（不明白之处）写下来。——读写同步走。

练：预习的最高层次是练习，预习要体现在练习上，就是做能体现双基要求的课后练习题一到两道。若你会做，说明你的自学能力在提高；若不会做，没关系，老师讲时有针对性地认真听。

技巧四　听课管理——重效益

听课必须做到跟老师，抓重点，当堂懂。跟老师的目的是抓重点，抓公共重点，如定理、公式、单词、句型……更重要的是抓自己个性化的重点，抓自己预习中的不懂之处。

事实证明：不预习学生能当堂懂 50％——60％左右的讲授内容，而预习后则升至 80％——90％左右。当堂没听懂的知识当堂问懂、研究懂。

听课记笔记基本要求：边听边记；记不能影响听；听懂不记；书上有的不记；较长句子用关键词或符号去快速记；教师讲的重点要记；学生说的重点要记；自己认为重要的不懂的要记；课堂上记粗略笔记，课后再转化为详细笔记。

技巧五　复习管理——讲方法

有效复习的核心是做到五个字：想、查、看、写、说。

想：回想，回忆，可闭着眼睛想，在大脑中放电影。学生课后最需要做的就是回想。午休或晚上就寝前要冥想。

查：回想是查漏补缺的最好方法。回想时，有些内容在脑海中会非常清楚，有些则模糊，甚至一点也想不起来。而模糊和完全想不起来的就是漏缺部分，需要从头再学。这样间隔性地复习两到三遍，几乎能够做到不忘。

看：看课本，看听课笔记。既要有面，更要有点。这个点，既包括课程内容的重点，也包括回忆的时候没有想起来、较模糊的"漏缺"点。

写：随时记下重难点、漏缺点。一定要在笔记中详细整理，并做上记号，以便总复习的时候，重点复习这部分内容。

说：复述。如每天复述一遍自己当天学过的知识，每周末复述一遍自己一周内学过的知识。听明白不是真的明白，说明白才是真的明白，如此坚持两至三个月，概括能力、领悟能力、表达能力都会大大增强，写作能力也会突飞猛进。

技巧六　作业管理——要自律

1. 不计时不作业：限时作业，记录作业完成时间，做作业时不做与作业无关的事。

2. 不复习不作业：先复习所学的内容，然后做作业。

3. 遇到难题，百思不得，先放过，后攻坚。

4. 不检查不交作业：作业完成后必须检查一遍。

5. 不小结不算作业结束：写完作业后，反思自己学会了什么，得到了什么，有什么体会。

6. 独立作业，忌抄袭。

技巧七　错题管理——常反思

错题本可选用16K的横格本，每页自上至下分五部分。第一部分是原题。第二部分是错因。第三部分是改正确与举一反三，一个月后复习时，若打眼一看还不会，就要进一步查找原因、举一反三，将与本题相关的知识点或习题再梳理巩固一遍。第四部分是归纳提醒：写出错题错在什么地方。如：若错在代数方面，则提醒自己这部分掌握得不好，要重新自学或请教老师和同学。第五部分是复习次数：每隔一段时间要复习一次。怎么复习？盖住原题自己动脑想。

注意：保留错题，规范订正。这里规范订正有三层含义：在错题旁边用红笔订正；填空题、选择题、判断题要写出具体步骤，小题当成大题订；作业试卷中蒙对的题也要订正。

技巧八　难题管理——会溯源

一般来说，难题之难多半在于题目涉及的知识点多，知识点之间关系错综复杂，需要学生思维（及方法运用）跳跃性大、逻辑性强，因此，对于难题，建议用溯源的方法整理。

一是查清楚题目所需知识清单，同步辨清知识间的内在联系；

二是复原自己考试时的思维路径，查"堵"点、"歧"点；

三是借助参考答案探究自身存在的盲点、疑点甚至是漏缺点。之后，同样需要每隔一段时间复习与检查一次。

针对某一题型，揣摩三至五道试题标准答案，梳理、提炼该类题的答题思路、格式、方法，即答题模板，并尝试运用。

技巧九　考试管理——抓重点

用一张丢分统计表管理。统计表大致分为填空、选择、计算、阅读等栏目，各科根据情况调整选择。错了多少题、丢了多少分，用统计表说话，这样，哪些是审题出了偏差，哪些是运算出了错误，哪个知识点掌握得有问题，哪方面需要改进和提高，等等，就一目了然了。

用纸把错题抄下来，每隔二十天做一遍。尤其是在考试前可拿出专门时间做错题本上的题。

许多同学抱怨整理错题本花时间太多，其实错题不一定非得抄到本子上，我们更推崇"错题索引"——把平时做的练习题、试卷装订好，将自己错题的位置登记在一本册子上，复习的时候按照册子找原来的题目即可。

写考后分析。从考试成绩进退步、目标完成情况、影响本次考试的主要因素及今后要采取的措施等方面，在试卷上写考后分析。

46　原题讲过多遍，为什么还有学生出错

与教师私下交谈时，挂在许多教师嘴上的一句口头禅是："这道题我在课堂上已讲过多遍，考试时仍然有学生出错！"这是为什么呢？本篇，笔者想尝试假设学生未放弃学习，从教师视角回答这个问题。

一是教师问题归因有问题。咱们可以换位思考："这道题咱在课堂上已讲过多遍，还没给学生讲会，咱是不是也有问题？"我想表达的是，造成这样的局面，师生双方皆有责任，不能秉持"我只管讲，会不会是你学生的事"的想法，即把责任全部推到学生身上。

二是讲的方式不恰当。有的快速讲多遍，并且一遍比一遍语速快。慢慢讲学困生还听不懂，快讲他们更听不懂，再加上会的学生回答的干扰，学困生想听也听不好。有的讲题时用同样的方法讲多遍，因学生学习方式有视觉、听觉、触觉、混合型等，因此，不适合这种方法的就学不会。有的讲题时把读题、找关键信息、建模分析问题陷阱，都代劳了，只把最简单的计算留给学生去做，这样，学生解决问题的思维过程是不完整的，关键环节是弱化的，考试出错再正常不过了。

切记：快速讲多遍，不如步步清慢慢讲一遍；用一种方法讲多遍，不如用多种方法讲一遍；一定要让学生完整经历解决问题的过程，在试错中成长。

三是讲完学生似懂非懂。上次错了，这次还错，若两次错因相同，表明他一直没听懂；若两次错因不同，表明他没能实现对新知的自我建构和深度理解，说白了他没从本质上理解。

四是纠错不到位。要么缺少规范订正，如小题没当成大题订；要么对"错点"一知半解；要么对错因描述有误；等等。因此，建议让出错的学生从错因、正确解法方面给同伴讲两遍，若能讲明白，表明他真弄懂了。

五是巩固强化不到位。要么没对本题涉及的知识点查漏补缺，要么缺少同类题巩固，要么对错题本上的错题缺少多次消化。正如一位老师的观点：从懂到会，从会到对，从"对一次"到"次次对"，需要"学而时习之"。这中间注定要有一个"练习—出错—纠错—熟练"的过程。想要避免学生出现重复性错误，真的需要纠错，巩固性纠错、变式纠错、根上纠错、持续性纠错。

六是学困生元认知出了问题。学困生缺乏成长型思维，有的自我定性为脑子笨学不会，有的一读题，读不懂，立马大脑关机，不再思考。这类学生不改变元认知系统，直接从认知系统切入学习，想学会是相当艰难的。

最后，我想分享北京十一学校高级教师朱则光老师的一段话，与大家共勉：

遇到讲过学生还错的情况，教师要自问：第一，我上一次是怎样讲的？讲的效果怎样？我这样判断的根据是什么？第二，让学生从"懂"到"会"，从"会"到"对"，从"对一次"到"次次对"，我的做法是什么？第三，上次错，这次又错的学生有哪些？两次错因是否相同？上次对，这次错的学生有哪些？为什么？第四，我对学生改错的要求是什么？是否足以让出错的学生纠正自己的理解？

47 学生向老师问问题，老师这样做效果棒棒的

学生向老师问问题，老师主动解答效果不一定好，以下四种处理方法值得借鉴。

方法一：对偏科没有信心的学生，可强制他每天（周）必须向老师问一个问题，这样倒逼他加大对本学科的投入，同时在解答问题过程中，老师能发现他知识的漏洞，捎带解决与所问问题相关的问题，从而逐渐弥补其知识断层，增强其自信心。当然，讲后让其复盘，向老师复述、总结解题思路、方法。

方法二：对学困生，变课后补课解决不会的问题为课前提前讲解重点内容。明天要讲的重点内容可给学困生提前讲解一下，并让其去巩固与之相关联的旧知识。试想，学困生对本节重点内容提前听了一遍，上课时能听懂，他自然会认真听，一认真听就学会了，课后自然就不需要补课去解决不懂的问题了。教师投入的时间一样多，但效果明显不同，这就是翻转解决问题法的奇妙之处。

方法三：对中等生，教师要求其不准说"这道题我不会"，而要说出哪一步不会或卡壳。拿数学来说，是题读不懂、不会找等量关系、列不出方程，还是不会计算，逼迫学生放弃依赖思想，前置思考。

方法四：对优秀生，教师千万不要急于解答，要用好"再读读、

再想想"这个策略，同时伴随这样的语言：你又读懂（读出）了什么？换个思路有新发现吗？看，你不是自己解决了吗？想一想，你是怎么顿悟、突破的？也就是说，教师不直接告诉学生答案，逼学生自己研究，重在点燃、激励、唤醒其内在探究欲望。切记：难题不能讲通，只能想通。

同样是问问题，教师要因层施策，精准点拨，对症下药。

48 优化创新经验的操作方法

作为课改研究者,笔者曾在众多场合及头条、简书等自媒体分享了许多微创式的教学小创意、小方法,但有些老师因理解有误或操作不当,导致效果不太明显,这引起了笔者的关注、反思。综合多年教育教学经验,笔者认为让经验发挥作用的关键是优化创新经验的操作方法。

经验一 理科错题六步纠错法

问:试卷、练习册、作业上的每道错题都要六步纠错吗?

答:从中选学生最近发展区内的一至两道题进行重点纠错。简单题没必要,所有问题都六步纠错也不现实。

问:错题比较多怎么纠错?

答:优秀生选择压轴题,而学困生选择对他来说较难的题,即踮起脚尖能搞懂的题,听都听不懂的题没必要六步纠错,否则就是难为学生。

问:低年级学生写字慢,写错因太占时间怎么办?

答:把常见错因编上号,学生只写序号即可。

问:各年级纠错都需要六步吗?

答:小学一二年级只要前两步,三四年级只要前四步,高年级六步可全选。

问：学生不会同类题变换怎么办？

答：理科教师可以尝试引导学生按照专家所说的变换数字、因果对调、增减条件、数图变换、数变字母等五种方式进行改题训练。

经验二　纠错最有效的方法是订正后给同伴讲两遍

问：初三、高三功课非常繁忙，学生没时间也不愿听同学讲怎么办？

答：小学生可找到同伴，真实讲解；初三、高三学生可假设同伴在场，模拟讲解。《学习的逻辑》一书中如下观点对你可能有所启发——

模拟费曼学习法：

1. 学习某个知识点或者题型。

2. 在大脑中模拟一个场景——你在给别人讲解这个知识点或者题型。你像一位老师一样，以清晰的语言向别人（你想象的一个人）讲述这个知识点或者题型，务必讲解得清晰、系统、深刻。在讲解过程中，你可以边讲边写。

3. 如果遇到无法讲解清楚的地方，就在相应位置进行标记。如果讲解到一半卡住了，或讲得不顺畅，或干脆不知道怎么讲了，说明这个地方你并没有真正掌握。哪里卡住了，哪里就是你没掌握的地方——恭喜你，你找到了一个知识漏洞。

4. 循环步骤1—3。带着标记过的地方——你的知识漏洞，返回步骤1，想方设法解决这个知识漏洞，并进行步骤1—3的循环。

真实的费曼学习法：

1. 学习某个知识点或者题型。

2. 找到一个真实存在的人，向他讲解这个知识点或者题型。

3. 如果遇到无法讲解清楚的地方，或者此人向你提出的问题你无法解答，那就在相应位置进行标记。

4. 循环步骤1—3。

经验三　有时，学生给学生讲题效果比老师讲还要好，一定要运用好小先生制

问：班级第一名能给班级最后一名讲会吗？让优秀生给学困生讲题不是浪费人家时间吗？

答：确实存在这个问题。最好启动1+1×3帮扶。第一个"1"指的是班级前十名优秀生，中间的"1"指的是班级十一名到二十名中等生，后面的"3"指的是班级后三十名普通生（学困生）。不让前十名优秀生当小老师或帮扶学困生，理由有二：一是优秀生与学困生思维不在同一量级，优秀生教不会学困生；二是优秀生本身就会，去教别人浪费自己时间。因此，前十名优秀生独立钻研或联合攻关拔高题。最好让中间十名中等生去教学困生，理由也有二：一是中等生与学困生思维差距不大，基本在同一层次，中等生讲题学困生能听懂；二是讲给别人听是最好的学习，讲一遍抵自己学三遍，通过讲解加深了对知识的消化理解。因此，建议中等生每人带三名学困生组成习学小组，让中等生当小先生为本组三名学困生讲题。

经验四　作业不能一刀切，尽量分层布置作业

问：因分层布置作业，学困生作业一会儿就做完了，经常没事干，考试成绩比统一布置作业时更差。如何破解这一困局？

答：分层布置作业思路的提出是为了解决整齐划一布置作业时，

学困生"吃不了",优秀生"吃不饱"的问题。其出发点重在让优秀生吃饱,重在为优秀生增加题量、提高难度,笔者称之为对优秀生的作业进行系统设计开发。这没有错,值得提倡坚持。

然而多数教师在布置作业时,采用的是学困生只做1题,优秀生做1、2、3、4题,这样会造成学困生的作业量少,用时少,一测验,必须掌握的知识点没掌握。

因此,笔者的观点是,优秀生可不同类型的题各做一道,重题型;学困生基础重点题做多道,加强变式训练,重掌握。同时,要保证学困生与优秀生做作业的时间大致相当。

总之,分层布置作业要走出只关注优秀生吃饱,忽视学困生"吃得单调、无营养"这个误区。

经验五　理科作业与演算合二为一

问:理科作业保留思维痕迹这个方法还有改进的地方吗?

答:可以让学生在右栏注思维过程、写解题思路、标检查方法等,这样作业附加值更高。

问:理科作业保留思维痕迹这个方法可以迁移复制到文科吗?

答:可以。拿英语来说,保留思维痕迹这一栏可以让学生注明判断题、选择题的作答理由,这样对语法巩固非常有帮助。

经验六　自习课上学生干什么

问:课前,每一学科都要预习,初高中那么多学科能预习过来吗?预习真的有必要吗?

答:关于预习,结合专家建议操作指导策略如下:

1. 并不是所有学科、章节都要预习,像数学、物理中等需要深度理解的要加强预习，而难度较小的章节就不需要预习。

2. 并不是所有学生都要预习，学科基础知识扎实、即时反应能力强的学生就没有必要预习。

3. 若教师采用的是翻转课堂模式，必须认真预习，包括基础题练习，否则讨论时跟不上。

4. 若教师讲课速度极快，思维跨度大，题型难度递进极快，课堂容量大，留给学生自行领悟、体会的时间少，其任教学科就必须预习。

5. 理解类内容预习遵循四个步骤：快速阅读课本，寻找和标记重点概念、公式和原理，并尝试理解，同时记录自己的疑问。后两步尤为关键。若在预习新知时发现旧知掌握有漏洞，就需要进行复习和补漏。

经验七　思维导图作为一种思维、学习工具，在单元复习、课堂整理方面的作用非常明显

问：思维导图对右脑开发、图像记忆、全脑思维的作用并没有那么神奇，通过对公式、概念等进行结构化整理所画的思维导图，对初高中理科学习作用不大，这是为什么？

答：思维导图的作用可以是思维导"图"，将一个人的思维外显化；可以是图导"思维"，让思维创新与生长。

思维导图的有效率在不同学科上有显著差别。有专家研究发现，在小学阶段，思维导图对数学学习有比较好的效果，对语文学习的效果处于中等水平，对英语学习的效果则比较弱。在初中阶段，思维导图对数学、语文、英语学习的效果都有所减弱，尤其是对数学学习的效果降低得非常明显，而对语文和英语学习的效果则降低得不那么明

显。同时，思维导图对物理和化学学习有一定效果，对历史、政治、地理学习则有比较明显的效果。

到了高中阶段，思维导图对数学学习的效果降低到接近于零，对英语和语文学习的总体效果基本保持不变。化学和物理两门学科与数学类似，思维导图对这两科的学习基本上无效；历史、政治、地理三个学科，思维导图的有效性降低，从初中效果比较明显变成了效果较弱。

可见，不加思考整理的思维导图作用确实不大，而进行过深加工突显个性化分类层级的思维、解题结构化导图，作用非常明显。

最后，笔者想表达一个核心观点：现在已经进入了"经验的黄昏时代"，经验在成就你的同时也可能在束缚你，所以，一切都在不断迭代当中，学习经验重要，优化创新经验的操作方法更重要。

49　期末工作总结创意和策划

创意一　顶针式期末工作总结与年初工作计划

总结是对本学期工作的梳理、盘点，肯定成绩，发现不足；而计划是就上学期总结中发现的问题找出解决对策，同时思考本学期工作的新思路、新方法、新举措。因此教师撰写的总结、制订的计划都要立足于下列三原则：重实效、讲章法、有内涵。

教师期末工作总结基本内容：

（对照本学期计划）

1. 我或我的团队一块做到、超标准做好的项目有哪些？经验是什么？

2. 我或我的团队未完成或做得不到位的项目有哪些？原因是什么？

3. 我或我的团队除计划外又创新实施了哪些特色项目、活动、案例？开发了哪些课程资源？成效如何？

4. 我向主管领导陈述：本学期我发现学校在安全、德育、课程建设、课堂改革、绩效考评等方面存在亟须改进的问题。（可提出建议）对班主任、教师、中层的总结主管领导要详读，读后一对一深度面谈。

教师年初新学期工作计划基本内容：

1. 本学期要保持上学期的什么？如何保持？

2. 本学期要改进上学期的什么？配套措施是什么？

3. 本学期要创新的工作是什么？思路是什么？

4. 本学期中心工作是什么？如何分解、量化成个人月、周工作台账？

作为主管领导，务必要事前就年初计划与班主任、教师、中层做好沟通，事后提出修改、完善建议。

创意二　让同事为我写工作总结

让同事为我写工作总结，我加批注补充，主管领导写评语，即总结＋解读＋评语合作分享式。

1. 首先，每位教师自主选择搭档让其从专业成长、教育教学、课程资源开发、班级管理、家校沟通、团队合作、为人处世（与同事、领导相处）七个角度用案例加结论的叙事研究方式为自己写一个客观公正的工作总结，多角度分析自己工作的得与失、优与劣、成与败。

2. 其次，每位教师认真阅读同事为自己写的工作总结，在此基础上可以写出认可或不认可的理由，也可做批注补充。

3. 最后，主管领导要以我心中的同事为题写一个激励性的鉴定评价。

该工作总结旨在从我心目中的自己、同事眼中的我、主管领导的评价视角，让教师梳理反思本学期工作，旨在分享，旨在成长。

创意三　成长历程与教育教学运行分析

基本内容：课堂教学改革具体措施（合作共同体模式的理论学习、运用，学案的编制与使用，小组建设、小组长培训、小组文化巡展、小组及个人评价，新课型研究、流程创新、核心环节的突破，信息技术与学科整合，学具的研发、使用，等等）；本学期最自豪的几件事（让自己有成就感、愉悦感、幸福感的事情）；班级管理新举措（班级管理台账、班级部委制改革、班级循环日记、班级形象大使评选、班级节日，小天使行动、满足心愿行动、光盘行动、推普行动，阅读绿色快车、主题阅读学习馆，社会信息交流课、集体生日Party课、游学课，成长档案、习惯，主题体验式德育活动、班级反思角设立，家长会创新，等等）；对同事的帮助（自己帮助同事的事）；身边最美的风景（自己发现、观察到的让你感动的平凡教师的平凡事迹，或同事真诚帮助你、让你感动的事）；本学期的获奖情况（参加高效课堂通识培训、学科培训情况；参加学历进修、计算机考级情况；参加专题讲座或举办专题讲座情况；参与校本教研及课题研究情况；参与校本课程开发与综合实践活动课或研究性学习课开设情况；撰写读书笔记、教学反思日记，发表论文、论著情况；设计优质课教案、优秀课件情况；辅导学生参与研究性学习和科技创新大赛获奖情况；与课改精神吻合的有代表性的优秀试卷命制情况；能显示自己教学成果的学生作品发表及获奖情况；学生、教师本人、教研组、学校、家长等对自己此项工作的评价；等等）；需要提升的地方与自我评价（对自己的优缺点、成绩与问题进行自我评估与诊断，并提出下学期的改进策略）。

创意四　撰写年度自我成长传记

基本要求：

1. 个人年度汉字

选择一个能反映自己心情、生活的个人年度汉字，并解读它的内涵。

2. 个人年度读写史

相信量变的力量，让自己的人生具有作品感。阅读之前，世界很小；写作之后，人生丰盈。阅读是向下扎根，让自己站稳；写作是向上生长，让阳光照见。大阅读包括屏读与纸质阅读，读的对象也可扩大，如对自己影响最大的一段音乐、一首诗歌、一个电影、一篇文章、一则微信、一段微视频、一个场景，甚至一个流行语等内容都可纳入其中；大写作包括教育叙事、教学反思、读书笔记、读后感，也包括微信上的内容，对一年读写进行梳理、盘点。我们所写下的每一篇作品都是一面镜子，回头看以前的作品，就像在照镜子。通过照镜子，我们回顾自我，检视自我，反思自我，并进一步修炼自我，以达到完善自我的目的。

3. 个人年度专业成长史

内容包含教育教学、课堂改革、新课型探索、作业设计、社团课程开设、班级管理、家校沟通等方面能体现自己专业成长进步的事例。

4. 年度个人关系改变史

收入在与同事、学生、父母、爱人等相处中感动自己的事例，多维、多元、多视角盘点自己，典藏自己精彩的人生。

平常工作有新创意、新举措、新改革，总结就有内容可写，即工作精彩才能写作精彩。

教师撰写的工作总结是凭激情创作的一部自传体史书，对自己来说，是一笔宝贵的精神财富，具有很高的史料价值、研究价值，值得永久保存。同时你对自己不同时期的总结进行比较，定能看到自己真实的成长。

50　让教师撰写的工作总结"活"+"动"起来

教师对自己、他人不同时期的总结进行比较，能看出自己真实的成长速度；通过反思自己，借鉴同事的成长经验，可以进一步明确自己的"最近发展区"，定位自己的努力方向。学校通过研究各类教师不同时期的工作总结，可以发现教师的成长规律，找到教师发展的共性问题。

然而许多中小学学校领导对教师、团队撰写的工作总结仅仅做例行公事的归类、存档，缺少研究、交流、分享，在此笔者建议学校充分利用信息技术，使教师、团队撰写的工作总结"活"+"动"起来，进而发挥增值效用。

教师期末工作总结形式上提倡多元创新，可以用互换式、故事档案式、教育叙事式、顶针式，可以用"5W"法、反思法，还可以用话题式、台历式、微课程式等。

教师期末工作总结不要千篇一律用纸质文本呈现，提倡教师用微课程、微电影、微视频等现代技术手段呈现。

教师的期末工作总结可以挂在学校网站上，可以粘贴在学校论坛、QQ群、教师博客上，也可以提炼出要点借用学校微信、微博等传播，还可以在全体教师期末例会上现场交流、评定。

另外分享交流机制也可做如下探索：

1. 现场交流式工作总结

要求教师言简意赅地对自己本年度工作进行盘点、梳理，接受同行年度大考。具体要求：以课件形式汇报自己的教育教学工作；普通教师限时三分钟，校级优秀教师限时五分钟，县级以上荣誉称号获得者限时八分钟；不"穿靴戴帽"，直奔主题论述自己做了什么、做成了什么、将要做什么或急需与同事分享的创意、策划、实验、观点、感悟、反思等极易推广的个性化理论与实践成果，也可以解剖自己记忆犹新的典型案例，旨在让同事避免不必要的重复探索或给同事以启迪、警示，让其吸取教训少走弯路。

2. 小组组合答辩式工作总结

在"拼教、拼研、拼学"常态化的学校，学习型组织已经建立，教师群体已形成教学、研究合作共同体，已达成共同的愿景目标，因此学校不妨以备课组、年级组、某班全体教师为单位，采取组长综述、组员分述或组员举例验证的组合报告的模式，进行小组组合答辩式工作总结。组合群体用组合报告形式阐述小组改革创新、互帮互助、团结友爱的典型事例，回顾、总结取得的成绩，反思存在的问题及改进的策略，同时以互动、答辩的形式接受学校评审团的提问、质疑。这种总结真正体现了全体参与、共同分享的团队意识，是集体智慧的结晶。

51　读读这十条，看你画的思维导图有硬伤吗

1. 主题在中间，最好是一个词，中心部分最好用图片、简笔画或几何图形表示。中心图要占整个画面五分之一。

2. 思维导图要以"××思维导图"命名，并写在画面适当地方，注意不要影响画面和谐美观。

3. 明确各级分类依据，搞对各级间逻辑关系。主干自然弯曲，分支逐渐变细，同级要一样粗，同层不同级主干粗细要逐步过渡，不要一下子细下去。

4. 每个分支末端尽量呈开放状，不要封闭。

5. 文字要提炼概括，不要太多；文字要写在分支上方，尽量用动词。

6. 不同分支用不同颜色，相邻分支颜色差异要大，如粉红与红最好不要相邻。同一分支从粗到细颜色相同。

7. 纸尽量横向，文字、分支方向要让人从右上顺时针阅读方便。

8. 合理布局，画面均衡，分支不要都画在一方，长度也尽量对称。

9. 重要分支上的内容，可以用符号、简笔画提醒，但要与内容有关。

10. 主干不要太多，原则上最多7 ± 2个，每个分支最好呈现三至四级。

52　思维导图"经"怎样"唱"效果更好

笔者发现教师群体对思维导图的使用存在三重三轻现象：重视画，轻视用；重视思维导图，轻视图导思维；重视常规用，轻视创新用。

那么，思维导图"经"怎样"唱"效果更好？

观点 1：思维导图是个性化思维产物，若课堂上教师为学生提供教师画的或借用别人的统一的思维导图，对学生建构、记忆、理解知识作用不大。思维不同，画出的思维导图理应不同。若学生画的雷同，表明思维没有激活、打开。

观点 2：画思维导图最关键的一步是内容分类，分类视角不同，画出的思维导图也不同。另外，一级主干主题词概括也很重要，若缺少概括、个性化分类，画思维导图意义、作用就不大。

观点 3：看着课本、资料画思维导图是最低级的，若想真正发挥画思维导图的作用，就要脱离课本、资料，凭大脑回想来构建思维导图，强化、突出"忆"，把工作记忆转化为长久记忆。

观点 4：思维导图有两种作用。一是思维导图，即把自己思维的过程呈现、表达出来，让别人明白自己是怎么想的。可见，思维导图，重在表达。想要创作出富有个性或创意的思维导图，重点要在思维有序性、深刻性上做文章、下功夫，让思维过程和结果可视化。若一门心思在如何画、如何美化图上,就把创意思维导图本真弄丢了。

二是图导思维,即借助画图,激发灵感,产生新的思维。可见,图导思维,重在思维创新。借助画思维导图,通过提炼出上位主干概念、增加主干的一个分支,或产生新的分类,或思维发散产生新的联想、灵感,诱导产生新的思维,或使思维生长。思维导图是思维载体,是新旧思维联结点,是产生新思维的引爆点。

观点5:重视思维导图创新。

创新一:小组(团体)群体思维导图。复习时,一个人可独立制作知识梳理思维导图,当然也可以分工,每人承包一个知识点制作一个分支,最后"拼"成一个小组群体思维导图。

创意二:母子思维导图。在对整本书、单元知识梳理时,可画出概括性母思维导图;对重点内容,可单列出来,画出详细的子思维导图,也可称图中图。

创新三:头脑风暴思维导图。在合作学习思维表征、碰撞环节,小组每个人用不同的笔把自己富有创意、价值的灵感、思考,在思维导图中及时呈现出来,使思维导图最终成为集小组集体智慧结晶而创作的作品。让小组成员用不同颜色的笔,是为了防止部分学生走神,逼迫全体成员参与。

创意四:纯图画思维导图、立体思维导图。小学生也可引导画纯图画思维导图,以及更形象直观的三维立体思维导图。

创意五:情景思维导图。借助表演、道具把思维导图用戏剧形式呈现出来。

观点6:思维导图可以与5R笔记互相转换。转换过程是重新建构过程,更是加深理解记忆过程。

观点7:思维导图可正逆双向使用。正向,只给主干,回忆各级分支,即从整体分解到部分;逆向,只给各个细小分支,逐级概括,即从事实到小概念,再到大概念,从部分到整体。

观点 8:可借助碎片归类法列文章提纲导图。先把想到的材料罗列出来,然后用合并同类项、概括分类方法,列出文章提纲思维导图。还可借助排除、添加新分支、生成新主干等提升文章提纲思维导图,即把查阅的资料画成思维导图后,先排除别人已阐述的,然后通过添加新分支或生成新主干等补充新的观点、见解。

观点 9:思维导图是一种学习工具、思维工具,熟练用、坚持用、潜意识里习惯用,才能真正发挥其作用。

53　鱼骨图在学习中的应用

一、鱼骨图概念

鱼骨图也称因果图，它是一种把与某个问题有关的所有知识组织起来并用图形加以描述的工具，是一种发现问题"根本原因"的方法，是一种透过现象看本质的分析方法，可分为问题型、原因型及对策型等几类。

二、鱼骨图画法

1. 先画一个鱼头。问题型、原因型鱼骨图鱼头向左，对策型鱼骨图鱼头向右。将需要解决的问题填写在鱼头里面（字数少）或旁边方框里面（字数多）。

2. 再画主骨与鱼尾。画一条指向鱼头的较粗（较宽）、较长的水平线表示鱼的主骨，在主骨上画一条鱼尾。

3. 画大骨。在主骨的上方和下方分别画若干条向后倾斜，即与主骨呈60°角带箭头的直线，箭头指向主骨，作为鱼的大骨；在大骨旁边方框内用中性词来描述原因或分类。大骨表示原因的类别，也是第一层原因，有多少个原因类别，就有多少根大骨相对应。

4. 画中小骨。中骨与主骨平行，中骨为一条与主骨平行的带箭头的短横线，箭头指向大骨；小骨也向后倾斜，即与中骨呈 60°角。中骨表示第二层原因，隶属于某个原因类别，小骨表示第三层原因。小骨要分布在中骨两侧并向后倾斜。

5. 圈出找到的关键原因、核心方法策略，整理成文。

注意事项：先将需要解决的问题定义清楚；用头脑风暴法找出与该问题相关的所有可能的原因；沿着宏、中、微观从大到小逐级展开，层层解剖、分析，直到找出核心原因、方法。

三、鱼骨图在学习中的应用例举

【案例 1】小组合作用鱼骨图来寻找制约小组合作学习效率的原因及对策。

创建寻找制约小组合作学习效率的原因及对策的鱼骨图本身就是对学生的一种教育，它汇聚了小组成员的智慧，小组成员通过讨论，会激发出更多的想法与思考，这不仅有助于培养学生探究与创新的能力，同时也培养起了团队合作精神。

【案例 2】期末考试后让学生借助鱼骨图找出自己学习成绩的影响因子，并制定下阶段改进策略、学习方案。

高年级可引导学生画学习能力因子分析鱼骨图。大骨可选定情绪状态、知识结构、思维方式、行为习惯、元认知。

中年级可引导学生画学习品质因子分析鱼骨图。大骨可选定学习兴趣、学习习惯、学习方法、学习态度、学习能力、学习效果。

低年级可引导学生画学习内容（模块）分析诊断鱼骨图。比如数学学科就可围绕数学运算、数学表达、概念理解、提取信息、解题思路来思考。

【案例 3】利用鱼骨图来呈现和梳理复杂问题的思考程序，让思维可视化。

　　我从《课堂策》一书中阅读到这样一个创意：解题思路鱼骨图由三部分构成，中间"脊骨"为解题的关键节点，通过这些关键节点，可把一个抽象或复杂的大问题分解成若干简单而具体的小问题，使问题更容易解决；"脊骨"下方为策略分析过程，针对解题的关键节点进行层层追问，制定解题策略；"脊骨"上方为条件转化过程，根据策略指引，利用已知条件推导出未知条件。解题思路鱼骨图的应用，改变了传统教学解题思路不可见的弊端，让学生在解题过程中掌握清晰的思考程序，进而形成有效解题策略。

　　鱼骨图是一种寻找问题原因、方法的可视化工具，教研组制订计划、总结时可以用，个人寻找问题症结、策略时也可以用；可供团队头脑风暴用，也可供个体深度思考、反思用。

54　用六顶思考帽进行平行思维

一、六顶思考帽

白、红、黑、黄、绿、蓝六顶帽子，代表六种不同的思考模式：

白帽——代表信息及质询。（事实思维、数据思维）

红帽——代表情绪、直觉、感觉及基于直觉的想法。只需表达即时的感受，不需要进行解释。（情绪思维、直觉思维）

黑帽——代表谨慎、判断及评估。这是不是真的？会不会成功？有什么弱点？有什么坏处？一定要把理由说出来，它是从不利一面来思考的。（理性思维中的逆向思维）

黄帽——代表效益、优点。这件事为什么值得去做？有什么效益？为什么可以做？为什么会成功？一定要把理由说出来，它是从有利一面来思考的。（理性思维中的正向思维）

绿帽——代表创新、意见、新意、暗示及建议。有什么可用的解决方法及行动途径？还有什么其他途径？有什么合理的解释？它是从创新视角来思考的。（创新思维）

蓝帽——代表思考的组织及与思考有关的问题。我们到了哪个阶段？下一步做什么？做出具体说明、概括及决定，它是从综合概括得失、优劣来做综合判断，扮演的是组织者、引导者、激励者、总结者

的角色。(综合思维)

二、应用步骤

(1) 陈述问题事实(白帽);

(2) 提出如何解决问题的建议(绿帽);

(3) 评估建议的优缺点:列举优点(黄帽)、缺点(黑帽);

(4) 对各项选择方案进行判断(红帽);

(5) 总结陈述,得出方案(蓝帽)。

六顶思考帽是思维的工具,沟通的操作框架,提高团队 IQ 的有效方法。

三、案例运用

【案例1】合学环节植入六项思考帽操作方案

1. (白帽) 读题,分析相关已知信息;

2. (绿帽) 提出解题思路;

3. (黄帽) 把思路变成解题步骤;

4. (黑帽) 指出思路、解题方法存在的问题;

5. (红帽) 对发言进行评价;

6. (蓝帽) 主持讨论,对讨论过程进行引领、调控及总结。

所有人要在蓝帽的指引下按照框架体系思考和发言,在同一时间各自戴上不同的思考帽,去思考问题的一个侧面,这样不仅可以有效避免冲突,而且可以就一个话题讨论得更加充分和透彻。

【案例2】项目学习运用

1. 在讨论进行前,教师和学生首先使用红帽,确定需要达到的目标。

2. 之后使用白帽收集信息，使用绿帽发现可能的解决途径，使用黄帽从可能的途径中找出好办法。

3. 然后使用黑帽找出缺点和不足。

4. 最后，再使用红帽评估选择最好的办法。蓝帽要自始至终控制参与整个思考过程。

请思考：

1. 六顶思考帽怎样运用在作文讲评课中？
2. 六顶思考帽怎样运用到观课议课中？
3. 六顶思考帽怎样运用到制订教研组计划中？

55　5R笔记法在课堂中的运用

　　5R笔记法,即康奈尔笔记法,它是一种系统完整的记录方法,几乎涵盖了课堂记录到课后复习的全过程,将记与学,思考与运用有效结合在了一起,可以说是听课笔记的首选。

　　5R笔记系统将一页纸分成三部分,即将左边四分之一左右、下面五分之一左右的空间单独划拨出来,形成左小、右大、下长的格局。其中右上最大的空间为主栏,是主要记录区域,用于实时记录老师讲课的内容;左边部分为副栏,用于简明扼要地概况归纳主栏的内容;下方部分为总结栏,即用一两句话总结本页所记录的内容。

　　5R笔记法在实际操作中具体包含五步,即记录、简化、背诵、思考、复习。

　　1. 记录。俗称"课堂记笔记",即听讲过程中,在主栏内尽量多记自己尚未完全掌握的常考易考知识点、有意义的论据、概念、案例等内容。

　　2. 简化。课后尽可能及早地将主栏内容,以关键词、关键短语和关键短句的形式简明扼要地概括(简化)在副栏中。

　　3. 背诵。对课堂内容进行回顾复盘,把主栏遮住,利用副栏中的摘记提示,尽量完整地复述课堂内容。

　　4. 思考。将自己的听课随感、疑惑之类的内容,写在总结区,可加上标题和索引，编制成提纲、摘要。

5. 复习。每周进行 N 次每次十分钟左右时间的快速复习，复习次数根据自己的掌握情况确定。复习时，尽量先看副栏的摘记提示，努力回忆相关内容，之后再回看主栏，仔细回顾全部知识点和对应的细节。

那么，5R 笔记法植入导学卡整理复习环节的操作流程是怎样的呢？一是教师上课时印发导学卡（总结）；二是上课时专注听讲，只将重点圈注批画；三是课后用 5R 笔记法二次整理笔记，笔记分本科重点、重要内容、自己概括提炼三大部分，其中重要内容一栏又拆分为从要点提炼出的线索（关键词）、内容、例子；四是整理笔记后还要依据提示、线索及自己的小结等回忆、记忆学习内容。

这样做的好处：破解了课堂上听讲与记笔记的矛盾；学生整理过程也就是消化理解过程；借助提示、线索等来回忆、记忆所学内容。

56　概念图、学习导图在教学中的运用

一、概念图

有专家对概念图是这样解释的：概念图有四个图标特征，分别是概念、命题、交叉连接和层级结构。"概念"指事物的规则或属性，通常以名词的形式出现。"命题"指陈述事物的现象、结构和规则，在概念图中，"命题"是两个概念之间通过连接词而形成的意义关系。"交叉连接"是指出不同概念之间的相互关系。"层级结构"就是要把主要的、重要的、抽象的概念放在上层，从属的、较具体的概念放在下层。

还有专家指出，概念图的结构包括节点、连线和连接词三个部分。节点是置于一个圆形或矩形中的概念文字；连线是指出两个概念之间的意义与关系，它可以是单向的，也可以是双向的，上层的知识、概念通常可以引出几个下层的知识、概念分支，不同知识领域或概念之间的联系就是交叉连接，或称横向联系，它指出了知识、概念之间的方向性；连接词是在两个知识、概念之间，写在那条连线上的文字。

综合相关研究成果及专家意见，笔者发现概念图一般包括：(1) 主旨（通常是教学单元的名称）；(2) 主旨的释义（通常是对单元内容的

解说);(3) 要点(常被写进椭圆形、长方形或星形之中);(4) 细节(要点的例证);(5) 线标(表明学习导图中各部分之间的关系)。

二、学习导图

常见的学习导图八种:

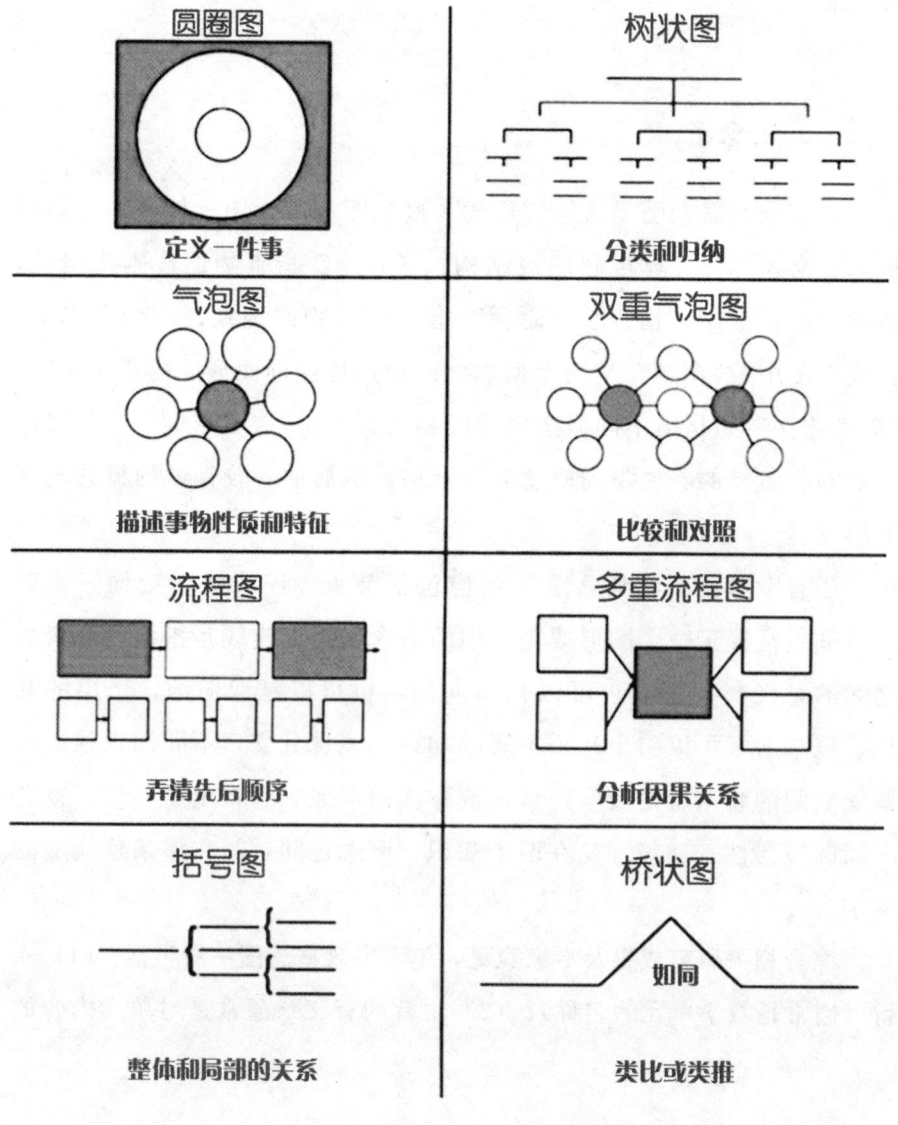

有专家对八大学习导图的使用做了详细阐述，现分享如下：

圆圈图是针对一个主题进行定义例举说明或通过头脑风暴提出各种想法。

气泡图用特定的形容词或形容词短语来定义或描述主题。其目的是用形容词来说明、辨认中心主题的特征属性。

双重气泡图在于说明不同事物集合之间的逻辑关系，尤其适合用来表示集合或类别之间的大致关系，或说明两个主题之间的异同。

树状图主要用来对事物进行分组或分类。在最顶端，写下被分类事物的名称，下面写下次级分类的类别，依此类推。

流程图主要用于描述完成事情的过程（包括发生顺序、时间、步骤等）。绘制时通常是在最大的方框内，先写好这个事情的主题，然后用小方框描述完成这个事情所需要的每个步骤，并且用箭头将这些步骤联系起来。

多重流程图主要用来描述事件的因果关系。绘制时首先定义核心方框，描述这个事件，之后再在左边方框描述事件产生的原因（用箭头指向核心方框），右边填写事件的结果（用箭头从核心方框引向结果方框）。多重流程图能很明确地将原因、结果呈现出来，帮助使用者理清思路。

括号图多用于分析事物整体与局部的关系。一般在图的左首写上主题，然后放一个大括号，囊括这个主题的主要部分，之后在每个部分旁放一个括号来描述细节。

桥状图是一种主要用来进行类比和类推的图。在桥型横线的上面和下面写下具有相关性的一组事物，然后按照这种相关性，列出更多具有类似相关性的事物。

借助概念图可构建单元概念体系，对单元预习、复习及单元大概念教学具有助推作用。八大学习导图让教师板书设计、学生课堂整理及课后记忆强化事倍功半。当然，概念图、学习导图在课外阅读、自主学习方面的作用也不可忽视。

附　表

1. 观课记录表

授课教师		授课主题			
授课类型		观课时间		观课班级	
预设观课目标			观察角度选择		
观察小组		组长		组员	

学养目标及教学环节	典型环节、细节	学情观察、课堂文化观察、目标达成测查	关键环节的点评及现场观课偶感

课件制作与呈现	
学科基本功	
观课心得	
对本节课的评价	

2. 英语学科评价表

观察项目	观察点	具体要求	评价要点	分值
教学基本功（25分）	手势、仪态要求（7分）	1. 板书过头顶 2. 侧身讲课 3. 变换讲解角度和位置 4. 老师边讲解边做肢体动作		
	讲重点时提示及语速变换（2分）	1. 拍手、敲黑板、口令提示 2. 语速变慢，语调升高，学生精力集中		
	黄金学习期（5分）	1. 5—20分钟学重点 2. 导入不过长 3. 复习时间不过长 4. 不处理班级事务		
	重点问题自动三讲三纠（5分）	1. 老师先讲，对子互讲，抽潜能生重复 2. 表征题练习，写错题同类型题练习，课下再巩固练习		
	关注合作讨论的开始与结束环节（2分）	1. 学生听清楚要求后进行讨论 2. 由一个学生复述老师要求的任务，讨论目的明确		
	课堂及时反馈（4分）	1. 老师走下讲台 2. 老师巡视表征题作答情况 3. 红笔随时纠错 4. 及时一句话评价		

（续表）

观察项目	观察点	具体要求	评价要点	分值
学科特点（35分）	候课（3分）	1. 提前三分钟候课，打开白板 2. 提示学生预习新课，背诵上节课重点		
	发音指导（5分）	1. 重点词语、句子进行多种形式的朗读 2. 老师要进行适当的发音指导		
	情景导入及创编（5分）	1. 创设情景导入 2. 导入形式新颖，与课题相关 3. 重视学生在情景中运用词汇、句子		
	强化重点句子训练（5分）	1. 要求重点句子学生会英汉互译 2. 表征题练习，写错题同类型题练习，课下再巩固练习		
	重点句型点拨到考点（5分）	1. 把句子中的每个考点都列举出来进行讲解 2. 每个考点要有相应的配套习题，进行分总训练		
	充分利用小合作进行读记与检测（5分）	对子合作读记单词、小组合作背默		
	笔记（4分）	学生每节课就知识点、语法做笔记		
	三视角小结（3分）	1. 知识点小结 2. 方法小结 3. 元认知小结		

（续表）

观察项目	观察点	具体要求	评价要点	分值
习育课堂模式（40分）	习读（12分）	1. 目标明确，可检测 2. 技能指导及知识链接应用 3. 检测围绕核心问题，体现个性化 4. 学生参与度高		
	习研（12分）	1. 问题真实，解决问题的方法得当 2. 小组合作高效，倾听认真，记录可视 3. 老师引导有效，点拨及时		
	习说（11分）	1. 对话真诚，内容真实 2. 亮点突出，有追问、有质疑 3. 合作时，学会倾听		
	习练（5分）	1. 检测学生拓展迁移能力 2. 培养反思、修正能力及独立完成习惯		
发言摘要				

3. 语文学科评价表

观察项目	观察点	具体要求	评价要点	分值
教学基本功（25分）	手势、仪态要求（7分）	1. 板书过头顶 2. 侧身讲课 3. 变换讲解角度和位置 4. 老师边讲解边做肢体动作		
	讲重点时提示及语速变换（2分）	1. 拍手、敲黑板、口令提示 2. 语速变慢，语调升高，学生精力集中		
	黄金学习期（5分）	1. 5—20分钟学重点 2. 导入不过长 3. 复习时间不过长 4. 不处理班级事务		
	重点问题自动三讲三纠（5分）	1. 老师先讲，对子互讲，抽潜能生重复 2. 表征题练习，写错题同类型题练习，课下再巩固练习		
	关注合作讨论的开始与结束环节（2分）	1. 学生听清楚要求后进行讨论 2. 由一个学生复述老师要求的任务，讨论目的明确		
	课堂及时反馈（4分）	1. 老师走下讲台 2. 老师巡视表征题作答情况 3. 红笔随时纠错 4. 及时一句话评价		

（续表）

观察项目	观察点	具体要求	评价要点	分值
学科特点（35分）	候课（3分）	1. 提前三分钟候课，打开白板 2. 提示学生预习新课，背诵上节课重点		
	发言脱稿（4分）	1. 教师上课前脱稿 2. 学生回答问题脱稿		
	重点问题兼具人文性、语文元素（6分）	1. 基础问题 2. 核心问题 3. 拓展问题		
	提问的两个等待（4分）	1. 提出问题后老师要等待三到五秒钟 2. 学生回答后，教师要等待三到五秒钟再进行评价		
	学生卡壳时的三个引导（6分）	1. 重复问题 2. 解释关键词的意思 3. 提示答语，给学生提供相关答案供选择		
	建模思维（4分）	1. 引导学生掌握解题思路 2. 关键一类题怎么做		
	读写训练（4分）	1. 学完一篇课文必须有小练笔 2. （高年级）学生每节课针对知识点、语法做笔记。		
	朗读指导（4分）	1. 对文中的重点语段进行多种形式的朗读 2. 老师要进行适当的朗读指导		

(续表)

观察项目	观察点	具体要求	评价要点	分值
习育课堂模式（40分）	习读（12分）	1. 目标明确，可检测 2. 技能指导及知识链接应用 3. 检测围绕核心问题，体现个性化 4. 学生参与度高		
	习研（12分）	1. 问题真实，解决问题的方法得当 2. 小组合作高效，倾听认真，记录可视 3. 老师引导有效，点拨及时		
	习说（11分）	1. 对话真诚，内容真实 2. 亮点突出，有追问、有质疑 3. 合作时，学会倾听		
	习练（5分）	1. 检测学生拓展迁移能力 2. 培养反思、修正能力及独立完成习惯		
发言摘要				

4. 数学学科评价表

观察项目	观察点	具体要求	评价要点	分值
教学基本功（25分）	手势、仪态要求（7分）	1. 板书过头顶 2. 侧身讲课 3. 变换讲解角度和位置 4. 老师边讲解边做肢体动作		
	讲重点时提示及语速变换（2分）	1. 拍手、敲黑板、口令提示 2. 语速变慢，语调升高，学生精力集中		
	黄金学习期（5分）	1. 5—20分钟学重点 2. 导入不过长 3. 复习时间不过长 4. 不处理班级事务		
	重点问题自动三讲三纠（5分）	1. 老师先讲，对子互讲，抽潜能生重复 2. 表征题练习，写错题同类型题练习，课下再巩固练习		
	关注合作讨论的开始与结束环节（2分）	1. 学生听清楚要求后进行讨论 2. 由一个学生复述老师要求的任务，讨论目的明确		
	课堂及时反馈（4分）	1. 老师走下讲台 2. 老师巡视表征题作答情况 3. 红笔随时纠错 4. 及时一句话评价		

（续表）

观察项目	观察点	具体要求	评价要点	分值
学科特点（35分）	候课（3分）	1. 提前三分钟候课，打开白板 2. 提示学生预习新课		
	提问的两个等待（4分）	1. 提出问题后老师要等待三到五秒钟； 2. 学生回答后，教师要等待三到五秒钟再进行评价		
	学生卡壳时的三个引导（6分）	1. 重复问题 2. 解释关键词的意思 3. 提示答语，给学生提供相关答案供选择		
	一题两视角讲解（6分）	1. 先讲解怎么做，再分析解题方法 2. 先分析解题方法，再讲解怎么做		
	优秀生不陪学配套练习（5分）	1. 表征环节讨论题必须每种类型两道 2. 讨论展示时只讨论展示第一题		
	问题多元性（6分）	1. 必须统筹考虑四例四维 2. 对重点题、综合题采取三讲三纠模式		
	三视角小结（5分）	1. 知识点小结 2. 方法小结 3. 元认知小结		

(续表)

观察项目	观察点	具体要求	评价要点	分值
习育课堂模式（40分）	习读（12分）	1. 习读目标明确，可检测 2. 技能指导及知识链接应用 3. 检测围绕核心问题，体现个性化 4. 学生参与度高		
	习研（12分）	1. 问题真实，解决问题的方法得当 2. 小组合作高效，倾听认真，记录可视 3. 老师引导有效，点拨及时		
	习说（11分）	1. 对话真诚，内容真实 2. 亮点突出，有追问、有质疑 3. 合作时，学会倾听		
	习练（5分）	1. 检测学生拓展迁移能力 2. 培养反思、修正能力及独立完成习惯		
发言摘要				

5. 焦点学生学习历程观察与关键事件记录

学科与课题		执教老师	
焦点学生（一人或一组）		观察者	
时间轴（注意记录学生发生变化的具体时间）	关键事件与具体证据（包括依据身体姿态、语言、动作、表情、互动、学习单的填写及其变化过程）	观察者的反思（关键词记录）	初次观察重点（参考）
			学生心理上是否感觉安全，能否持续地安心学习，讲话轻声细语
			学生能否投入学习，采用了有效的学习方法，有独特而精彩的观点，有超出预料的表现等
			学生学习困难之处、困难的原因、是否得到解决等
			学生之间是否相互尊重、相互倾听、相互帮助等。

6. 议课记录表

主讲教师		授课主题			
授课类型		授课时间		授课班级	
梳理发言提纲					
主讲教师谈体会	说设计思路、流程，成功、遗憾之处，改进策略				
学情观察说明	说小组组长、成员的表现及自己的观察				
同伴发言摘要	学生代表发言、教师发言 教情反馈 学情反馈				
组长总结 （专业引领）					
议课后的二次反思					
附： 1. 指定观察员直接反馈学情 2. 后续学习资源链接					

7. _____学年_____年级第_____单元备课教案

单元课题		主讲人
目标解读	1. 总目标与级段目标的关系 2. 年级目标与单元目标的关系 3. 单元目标与课时目标的关系	
教材解读	1. 册与册知识点之间的关系 2. 课时与课时之间的关系 3. 知识点与知识点之间的关系（附单元思维导图、单元知识双向细目表）	
学情分析	学生知识、能力、经验、思维起点与新授内容逻辑起点之间的关系	
教学设计	1. 五点（重点、难点、易错点、易混点、常见考点） 2. 题型设计 3. 落实的学科核心素养	
教学策略	1. 老教师的建议 2. 往年学生的答题反馈 3. 教学参考书上的策略建议	
课时划分		
单元试卷设计与研讨	组卷/出卷/选卷	

附1 单元思维导图

附2 单元知识双向细目表

知识点	题型设计	能力因素			
		识记	理解	运用	创新

8. _____学年_____年级_____初备、合备记录表

教学内容		课型		课时		备课教师	
学养目标							
教学重难点							
主干问题及问题系统							
流程设计	导入						
	习读						
	习研						
	习说						
	习练						

（续表）

教学内容		课型		课时		备课教师	
学程设计	教师活动			学生活动		评价	
动态习题设计							
备课贡献率							

9. _____学年_____年级_____课时教案

教学内容		课型		课时		备课教师		个人批注
学养目标								
教学重难点								
主干问题及问题系统								
流程设计	导入							
	习读							
	习研							
	习说							
	习练							

(续表)

教学内容		课型		课时		备课教师		个人批注
学程设计		教师活动		学生活动		评价		个人批注
动态习题设计								
教后反思								

10. 示范课（公开课）全程说课（复盘）表

课题		课型	
说课人		说课侧重点	
备课过程	说备课四环节：		
	说目标、流程、内容、作业等的初稿、修改稿、定稿三稿的演变过程：		
上课流程	说预设中删除的程序、内容及依据：		
	说课堂上即时生成的程序、内容及依据：		
	说偶发事件处理（教学机智）：		
课后补救措施及反思	说这节课的成功、遗憾之处：		
	说没处理到位，你会怎样补救：		
	说作业中反馈的问题及下节课如何处理：		
	说课后反思：		

11. _____ 学年 _____ 学期教学计划表

年级：_____   学科：_____   填表教师：_____

填表说明：本学期共_____周，期中考试复习_____天，期末考试复习_____周。

教情学情分析			
教学进度安排	日期	教学内容	课时

（思维导图、知识树、知识网络图）

（续表）

教学重难点	
提高教学质量的新举措	
教研组组长意见	

12. _____考交叉评卷学情反馈表

年级		科目		日期	
题型		题号		改卷人	

所改题年级整体答题情况	
典型错题及错因分析	
学生创意答案	
给本届教师的教学建议	

附：教研组给下届教师的教学建议

13. _____年级_____学科_____考试卷分析表

任课教师		任教班级		教龄	
试卷命题质量分析及评价	知识面、难易度、区分度					
试卷涉及考点分析（知识双向细目表）					
班级成绩分析（四分四率）	（年级平均分、班级平均分、最高分、最低分、动态优秀率、动态及格率、平均分位次率、增长率）				
错题例举及典型错因分析					
以考评教（反思自身教学）					
后期教学方案及策略					

14. _____年级_____学科_____考教学监控分析表

项目 \ 班级		一(1)班	一(2)班	二(1)班	二(2)班	三(1)班	三(2)班	四(1)班	四(2)班	五(1)班	五(2)班	六(1)班	六(2)班
整体分析	动态及格率												
	动态优秀率												
	平均分位次率												
	及格率增长率												
	优秀率增长率												
培优补差	前20%平均分												
	后10%平均分												
知识模块平均分	语文 基础知识												
	语文 阅读												
	语文 写作												
	数学 口算												
	数学 式子题												
	数学 应用题												
	英语 听力												
	英语 基础知识												
	英语 阅读												
	英语 写作												

15. 教师教学效果考核表

科目：_____   日期：_____   考试类别：_____

年级\类型	动态及格率	积分	动态优秀率	积分	平均分位次率	积分	及格率增长率	积分	优秀率增长率	积分	三率名次保持	积分	培优名次	积分	补弱名次	积分	团队积分	总积分	排名	任课教师

16. 课堂巡课表

日期：_____   节次：_____   查课人：_____

班级		科目	任课教师	学生		老师			查课纪要	总评	签字
				纪律	学生状态	师德师风	习育课堂	板书			
一年级	一(1)班										
	一(2)班										
二年级	二(1)班										
	二(2)班										
三年级	三(1)班										
	三(2)班										
四年级	四(1)班										
	四(2)班										
五年级	五(1)班										
	五(2)班										
六年级	六(1)班										
	六(2)班										

17. 2019——2020学年学子综合素养报告单

班级：_____ 姓名：_____ 综合素养评价：_____ 班主任：_____

一、身体基本素质测查

项目	身高	体重	身高体重指数	视力		肺活量	血压	龋齿		发育及素养评估
				左	右			上	下	
成绩										

二、学业测查（核心课程、特色课程、艺术课程）

科目	学习素养			第一次月考	备注	期中成绩	备注	第二次月考	备注	期末成绩	备注
	作业	自学	合学	课堂展示							
语文					班平均分		班平均分		班平均分		班平均分
数学											
英语											
特色课程	课外阅读			国学经典		百科知识	高效读写		书法艺术		
							速度	感知力			
体育	理论知识	专业技能		总评		品德	理论知识	实践考核		总评	
音乐	乐理知识	专业技能		总评		美术	理论知识	专业技能		总评	
微机	理论知识	专业技能		总评		科学	理论知识	操作（实践）		总评	

三、学习因子统计分析图

学习兴趣（A）、学习习惯（B）、学习方法（C）、学习态度（D）、学习能力（E）、学习效果（F）等学习因子综合决定了学生的学习成绩，为此任课教师特将学生的学习因子评估为优、良、中、差四个层级。将相关联的评估点连接起来就可以观察出学生的发展现状和最具潜力发展区域。

科目	兴趣	习惯	方法	态度	能力	效果
语文						
数学						
英语						

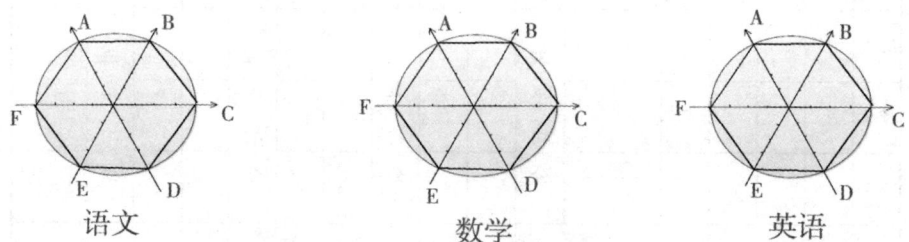

语文　　　　　数学　　　　　英语

四、学业成绩统计曲线图（语文用红色线表示，数学用黑色线表示，英语用蓝色线表示）

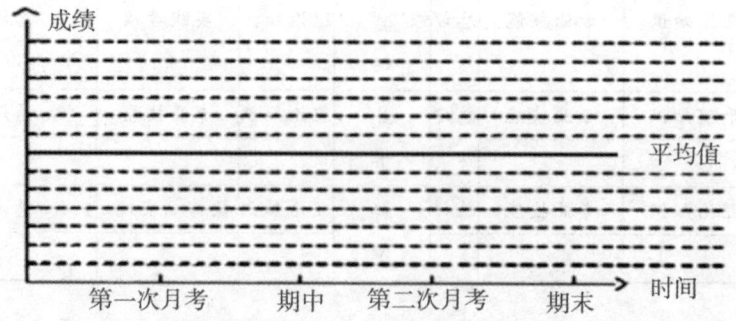

五、学业成绩评估分析（结合学业成绩统计曲线图、学习因子统计分析图进行分析）

语文：
数学：
英语：

审核：＿＿＿＿＿＿＿＿＿＿

后　记

　　我与秦爱英老师合著的《课堂教学微创56例》，与我以前所著的《学校管理的N个创意》《学校管理创意60例》构成了研究学校管理、教育教学的自传性质的三部曲。这套书分别从宏观、中观、微观角度真实记录了我们对教育实践的持续不断反思，也见证了我们的成长足迹。

　　本书在写作过程中引用、借鉴了许多同事、朋友及报刊书籍中的观点、事例，在此一并致谢！

　　本书得到了山东文艺出版社杨智副总编辑的大力支持，同时马明秀编辑在框架统筹、文稿编校方面付出了创造性劳动，特向二位致谢！

王红顺

2021年8月